叢書シェリング入門2

シェリング自然哲学を
理解するために

人間と自然

FRIEDRICH WILHELM JOSEPH VON SCHELLING

松山壽一 著

萌書房

〈叢書シェリング入門〉刊行にあたって

シェリングという哲学者の名は一般には馴染みが薄い。二重に隠されてさえいる。一方で、古典を敬して遠ざけ流行を追うことにのみ汲々としている思想界の昨今の風潮がこれに追い討ちをかけているし、他方で、ドイツ古典哲学に眼が向けられるにしても、シェリングの名はカントやヘーゲルといったビッグネームの陰に隠れてしまってなかなか目立たず、ためにシェリングにまで眼が向きにくいという事情もこれに加勢している。

フランス革命後の激動の時代に、人間の自由を求め、その根源（悪の起源）を極めようとしたばかりでなく、この根本的希求をもとに、自然の哲学や芸術の哲学、さらには歴史の哲学を展開し、神話と啓示の意義をも追求しようとしたシェリングの思想は、軽佻浮薄なわれわれ現代人に「根源を忘るるなかれ」と警鐘を鳴らし続けているように思われる。

筆者はこれまでもっぱら、思うところあって、無理解のまま放置されてきたドイツ自然哲学を理解できる状態にすることに専念してきたが、非力ながら、ここに、シェリング哲学全般の意義、さらにはその多彩さと魅力を世に広めるための入門書、啓蒙書を叢書として上梓することにした。

この間、日本シェリング協会（一九九二年創立）を母体としてシェリング著作集の刊行が企てられた。

筆者は編集幹事として、その企画、出版交渉等にあたり、当初（一九九四年）十二巻の刊行が可能となるも頓挫。その後、数々の出版社と交渉を重ねた結果、全五巻ながら来年ようやく刊行の運びとなった。著作集出版のための長年の悪戦苦闘のなかで何よりも思い知らされたことは、シェリングの知名度があまりに低いということであった。出版交渉の際に「シェリングが何者か」を一から説明せざるをえないことしばしばであった。この悪戦苦闘を通じて、筆者はシェリングの名を世に知ってもらう必要、彼の思想の意義と魅力を喧伝する必要を痛感せざるをえなかった。

〈叢書シェリング入門〉の企画はこのような苦渋の体験のなかから生まれてきた。もっとも、シェリングという知名度の低い哲学者の入門書、啓蒙書を、しかもシリーズで出版しようとする出版社などあろうはずもなく、著作集の場合同様の難航が予想された。ところが、萌書房という新しい出版社を立ち上げたばかりの白石徳浩氏が趣旨に賛同し、叢書としての刊行を引き受けて下さった。感謝に耐えない。氏の御厚志によって、有難くも、ここに叢書刊行が可能となった。

なお、カバーに掲げる肖像は、ミュンヘンのバイエルン科学アカデミー・シェリングコミッション提供によるものである。

二〇〇四年（シェリング没後百五十年）五月

松山壽一

まえがき

生きとし生けるものすべての生命を奪い去るだけの兵器を蓄え、生命の営みそのもののなかにさえ人為的介入を試み、日々われわれを取り巻く環境を破壊し悪化し続ける人間の飽くことなき欲望の追求、あらゆる他者を踏みにじる自己実現の追求は、自然を単なる死せる物体、人間生活のための単なる手段と見なす近代的な自然観、ひいては人間を自然の主人・支配者と見なす人間中心主義的な傲慢に根ざしていると言わざるをえない。十七世紀の近代哲学の成立以後、十九世紀後半のいわゆる実証科学の確立以前という挟間の時代に、シェリングは件の近代的自然観とは全く異質の自然哲学を打ち立てた。その根本精神は、たとえば一八〇六年の彼の発言（「反フィヒテ論」）のなかに端的に見て取れる。彼は言う。「自然は人間の諸目的に奉仕するだけでは殺される」。「自然が自ら生けるものとしてわれわれに現れるという直観を欠く」とすれば、それは遅かれ早かれ、われわれの「全精神と全感覚の鈍磨・無関心と無生命・死を生み出す」と。現今の未曾有の繁栄が免れ難い破滅の予兆ではないと、いったい誰が断言できよう。手遅れの観なきにしもあらずだが、精神が死に絶えぬうちに、「あらゆる癒しの力・救いの力は自然のうちにのみある」と見なしたシェリングの自然哲学に救いを求めてみてもよいのではなかろうか。本書はこのような思いに駆られつつ、シェリング自然哲学がどのようなものであったか、一人でも多くの読者に知ってもらい、かつ自身でそれに取り組んでもらえる手引きとして執筆されたものである。

わが国には、シェリング哲学の研究を中心としつつ、それと関連する諸分野の学際的研究を促進することを目指す学会がある。三年前の二〇〇一年、京都の立命館大学において、この学会（日本シェリング協会）の創立十周年を記念する大会が開催された。その折、二つの記念講演がなされた。一つは西川富雄先生の開会講演「日本シェリング協会のこれまでとこれから」であり、いま一つは渡邊二郎先生の公開講演「自然と歴史――現代に蘇るシェリング」であった。前者は日本シェリング協会が狭く専門の枠に閉じこもることのない学際的な学会であることを強調した後、海外のシェリング研究を振り返っている。それによると、シェリングへの見直しが一九五四年の没後百年祭に始まり、そしてそのほぼ三十年後の一九七九年および一九八三年のチューリヒでの国際大会では、シェリング・ルネサンスと呼んでよいような高まりを呼び起こすことになる。「それは、ひとつには、若いシェリングのなかに的確な近代批判の兆しを見て取ったからであり、いまひとつはその自然哲学のプレグナントな豊かさを読み取ったから」であった（本書の第二章はこの二つの国際大会の内容の紹介である）。これに呼応するかのように、渡邊先生の講演では自然と歴史の問題が主題とされた。「自然の根源性を主張するとともに、歴史の端倪すべからざる不透明な現実を直視したところに、シェリング哲学の現代性」が見出されるからであった。講演の最初、自然哲学に関する考察は「まえがき」冒頭で言及した一八〇六年のシェリングの発言に対する注目から始められた。

本書は、二つの講演との関連から言えば、シェリングの近代批判とりわけ近代科学批判を意識しつつ、自然と精神の根源的同一性を核とした自然の根源性の思想としてのシェリングの自然哲学を主題とするものである。また本書は、すでに述べたとおり、入門的解説であると同時に研究への手引きでもある。すなわち、本書はシェリング自然哲学そのものの紹介およびその研究動向の紹介という二つの部分から構成されている。シェリングの自然哲学は今日的な観点から見ても意義深くかつ魅力に富んだものであるが、如何せん、それが盛り込まれたテクストの叙述はすこぶる晦渋であるばかりか、未だ邦訳もない。近々にシェリング著作集（全五巻、燈影舎）の一角に邦訳を収める予定ではあるが、今日の困難な出版事情のために、大量にある自然哲学的著作のうちから一部を、しかもそのほとんどを抄訳にて収めうるにすぎない。本書における二様の紹介（第二章および第三章）によって、読者がシェリングの自然哲学に少しでも接近できるよう切に望んでいる。

なお、本書第一章のシェリング自然哲学紹介「シェリングの自然哲学――見える精神としての自然」は、初期哲学の頂点をなす同一哲学が成立するまでの範囲に留まるものではあるが、同一哲学以前の初期哲学の全体を覆っている。同一哲学およびそれ以後の自然哲学さらにはシェリング自然哲学の現代的意義については、先頃上梓した編著『シェリング自然哲学への誘い』（晃洋書房）を参照されたい。本書第一章の拙論は、当編著の第一章「見える精神としての自然――シェリング自然哲学の根本性格」の叙述に大幅に筆を加えて成ったものである。当編著および他の拙著『科学・芸術・神話』（晃洋書房、増補改訂版）とともに、シェリング没後百五十年という記念すべき年に本書を世に送る。

なお、本書巻頭に〈叢書シェリング入門〉の趣旨を掲げた。そこにも記したとおり、有難いことに萌書房社長白石徳浩氏の英断によって、シェリング入門書を叢書として刊行することが可能となった。皮切りとして同時に二冊。その一つが本書であり、他が『人間と悪』である。そこではシェリング十七歳の処女作『悪の起源論』の紹介を試み、かつ、その歴史的背景として近世ドイツの聖書解釈史、宗教史を綴った。併せてお読み頂ければ幸いである。

二〇〇四年（シェリング没後百五十年）八月

松山壽一

人間と自然——シェリング自然哲学を理解するために——＊目次

人間と自然

——シェリング自然哲学を理解するために——

第一章　シェリングの自然哲学

見える精神としての自然

一　見える精神としての自然――シェリング自然哲学の根本性格

「シェリング自然哲学とはいったいどのようなものであろうか」――この問題を解説するに先立ってまず、その根本性格を一言で言い表してみよう。それは、以下の通りである。

自然は見える精神であり、精神は見えない自然であろう。

自然と精神、物と心とを分けて考える近代的思考法に馴染んでいるわれわれには、このテーゼは、ずいぶん非科学的で荒唐無稽なものに思えるかもしれないが、われわれの日々の日常経験に引き戻して考えてみれば、われわれ自身、自然であるとともに精神でもあり、物であるとともに心でもあることに気づく。そうして誰もこのことを疑わない。物が心をもっているのか、それとも、心が物を持っているのであろうか、それはともかくとして。もっとも、このような問い方そのものからしてすでに物と心とを分けて考える物心二元論に毒された発想であって、むしろ逆に、元来一体のものをわれわれはどうして分離して考えることができるのかと問うのが、ある立場からすれば本来的な問いの立て方にほかならない。シェリングの立場もこれであり、上に掲げたテーゼもシェリング自身の言葉である（『自然哲学考案』「序説」一七九七年）。この言葉、根本テーゼのなかに、シェリングの考える自然と精神との根源的同一性に関する根本思想が凝縮された形で表現されている。

このようなシェリングの根本思想は、現代思想の観点から見直しても、様々な可能性を秘めている。たとえば、深層心理学的解釈の可能性（この点、後述）や現象学的、身体論的読み直しの可能性、あるいは「自己組織化」という現代の新しい自然論に対する先駆、また生態的危機に見舞われている今日喫緊の環境問題に対する哲学的基礎の提供、そうしてさらには現代医療のあり方を吟味検討するための貴重な示唆などなど。

本書「まえがき」でも強調したとおり、いわゆる「近代科学」成立以後、自然は、死せる物体と見なされ、このことによって、その機構の解明が進み、人間生活を促進するための手段と化した。このように自然を人間生活のために利用し支配しようという立場は「人間中心主義」と言わざるをえない(1)。単なる「法的・技術的な対処法(2)」では根本的な解決を望めないほどに深刻な今日の生態的危機もこれに由来する。「生態的危機の問題は、端的に言って、人間が自然との間に取り結ぶ関係そのものの問題として捉えられ」ねばならない。今日これを遂行するのがディープ・エコロジーであり、「自然のあらゆる存在者……が抱くさまざまな関心がわれわれ自身の関心でもある」という「拡大自己同一化」の立場がその「究極的前提」をなす。今日のディープ・エコロジーにおける「拡大自己同一化の要求」が、しかもその「最大限」の要求が、「主客の同一性」の立場に立つシェリング自然哲学の「根底に横たわっている(3)」。シェリング自然哲学のアクテュアリティの一つである。シェリング自然哲学の根本的な立場は、自然と精神とを根源的に同一と捉えるものだった。これに対して正反対の立場に立つのが、自然と精神とを截然と分け（物心二元論）、自然を機械と見なすことによって人間のために利用しようとする機械論であった（十七世紀のデカルト以降）。この立場は、今日の医療の世界では臓器移植として貫徹されている。そこでは元来自然有機体、生命たるわれわれの身体は臓器という部品の集合たる機械と見なされ、機械の故障は部品交換によって修理される。「近代西洋医学のパラダイムは『人間機械論』をベースとし、……『特定病因論』……に基づく医療行為とは、羅《ママ》病している身体を生物学的、生理学的に『修理する』ということになる」。「病人を見るな、病気を見よ」の医療である。シェリングの医学思想はこの対極に位置するものであり、自然全体を有機体、生命として捉える自然哲学に根ざしている[4]。端的に言って、身体の問題、心身関係の問題は、「シェリング哲学の根本問題である『精神と自然』の問題にまで拡張することによって、初めて正しく評価できるであろう[5]」。「シェリングにおいては、実在の世界での実在と理念の合一を実現しているのが有機体であって、心身関係の問題は、身体の有機的構造に基づきつつ、そのことによって生きた自然の自己組織的な展開過程の内部に『知』が置かれるときに解決の方向が見えてくることになろう[6]」。近年、シェリング自然哲学と自己組織化論との関連をめぐって議論が沸騰することになったのも当然と言わねばならない[7]。本書では、この問題については第三章の第二節で主題として取り上げ論じるので、ここではこれ以上立ち入らない。

以上、シェリング自然哲学のアクテュアリティについて一瞥した。このような一瞥だけでも、そのアクテュアリティがいかに高いものであるかということが分かる。それにしてもなぜ、二百年も昔のシェリング自然哲学がこのように多方面にわたって今日的な可能性、有効性を発揮しうるのであろうか。それは、すでに指摘したとおり、近代科学の成立と実証科学の確立の挟間の時代（一八〇〇年前後）に、いわゆる近代科学的思考法――それに従い、またそれによって現代われわれが様々な危機的状況に陥っている、その自然思想とは異質な自然思想を打ち立てていたためである[8]。以下しばし、いわゆる近代科学の問題そのものに眼を向けることにしよう。

先のテーゼに戻って、まずはこのテーゼが提起された時期に着目すると、それは一七九七年すなわち十八世紀も末のことであった。この時期にはすでにいわゆる近代科学は成立している。したがって、このテーゼは近代科学成立後のものである。確かに近代科学は十七世紀に成立しはしたが、ただ今日しばしばわれわれが近代科学と見なす際に想定されている科学観は、むしろ十九世紀後半に確立した実証科学におけるそれを過去に読み込んでいるというのが現状である[9]。すなわち「科学とは、その命題が数理的に処理可能で、かつ実験と観察によって確証されなければならない」――これである。この実証科学テーゼをそのまま、たとえばデカルトやニュートンの様々な発言に適用するとすれば、デカルトやニュートンは科学者ではないということになろう。実証科学テーゼから逸れたあらゆる自然考察を「思弁的」と形容するとすれば、彼らは思弁的な自然哲学者だということになろう[10]。

近年の研究によって、ニュートンが今日的な意味での自然科学者の枠に収まりきれない思弁的自然哲学者であることが夙に知られるようになった。彼は確かに、後年の実証科学に道を開いた偉大な自然科学者であることに相違はない。後年の実証科学の礎の一つは言うまでもなく、彼が幾何学的証明を用いて綴った主著『プリンキピア』（一七二六年が最終版）の力学を解析力学に転換すること、すなわち根本概念の整備と数学的手法の洗練（ダランベール、オイラー、ラグランジュ、ラプラス）によって築かれた[11]。しかしながら他方で彼は錬金術の実験を飽くことなく繰り返したばかりか、神学にものめりこんでいる。彼は正統教義の三位一体説を否定したユニテリアンであったし、天地創造の時期を持ち前の数学の才を活かして計算してさえいる。彼にとって自然研究は今日の自然科学者たちが勤しんでいるような「パズル解き[12]」ではけっしてなく、神が記した自然という書物から神の知恵を読み取ることにほかならなかった（神の啓示、歴史が記されているのが聖書である）。こうした彼の自然哲学的営為は、テクストとしては『光学』の末尾に付された「疑問」の集成にわずかながら反映されている（一七一七年が最終版[13]）。

ニュートンの先行者、デカルトもまたニュートンに勝るとも劣らない生粋の自然哲学者であった。ニュートンはデカルト思想との格闘のなかから自身の思想を紡ぎ出した。デカルトの自然哲学者ぶりは、彼の主著『哲学原理』（一六四四年）を繙きさえすれば、一目瞭然である。筆者はかねてより、彼の主著における思弁性はヘーゲルの『エンチクロペディー』（一八三〇年が最終版）の自然哲学のそれに匹敵すると見なしている[14]。もっとも、両者は根本原理を異にしており、デカルトのそれがいわゆる機械論にほかならなかった。彼がその自然哲学において根本原理として立てた機械論は、彼自身の弁によれば、自然自身もしくは全体が機械のようであるかどうかは分からない、ただこのように想定すると、自然をわれわれ人間のために利用しやすくなる、このような実用主義（「人間は自然の主人である」というベーコンも主張したキリスト教的な人間中心主義、自然支配の思想）に裏打ちされたものにほかならなかった[15]。ただ、いわゆる「近代科学」の根本思想を確立したのがデカルトであることは間違いない。それが、自然と精神との原理的区別である。自然は延長を本質とし、精神は思惟を本質とする。この区別によって、自然からあらゆる精神的なもの、生命的なものが徹底的に排除され、自然は死せる物質、物体の世界となった。このことによって、延長としての自然に対する幾何学の適用の可能性が開かれ、かつアリストテレスの四原因説に即して言えば、目的因や形相因等が排除されて、一方向的な原因と結果の連鎖によって自然を解釈する作用因のみが自然の解釈原理（これが「機械論哲学 philosophia mechanica」である）となった。機械論は実はこの解釈原理の適用、実践にほかならない。

最初に掲げたシェリング自然哲学の根本テーゼは、このような近代哲学の根本原理たる物心二元論に対する完璧なアンチテーゼとなっている。それは物心一元、自然と精神の同一性を主張しているからである。このことの意義を理解するには、二つの方向から考察する必要がある。一つは、狭くシェリング自身の思想形成過程に定位する方向であり、いま一つは、広く思想全般の動向に定位する方向である。

シェリングは、教区牧師であり、オリエント学者（ヘブライ語はじめ旧約聖書を理解、解釈するためのオリエント学の研究者）であった父親等の薫陶によって聖書学とギリシア古典文芸に親しんだ後、十五歳の若さでテュービンゲンの神学寮（現在で言えば大学神学部）に進んでおり、[16]十七歳の最初の論文も旧約聖書創世記第三章の堕罪の問題に関する考察（『悪の起源論』）であり、基本的にはカントの歴史哲学論文『人間の歴史の憶測的始原』（一七八六年）に依拠した歴史哲学的考察となっているが、彼のキャリアを反映してプロメーテウス神話、パンドーラ神話等、ギリシア神話やオリエント学の知見を盛り込んだものでもある。[17]続いて『神話論』を書いて後、研究の方向を哲学の方面に転換するが、その転換点（十九歳）において、プラトンの『ティマイオス』に関する注釈を書いたばかりでなく、転換後になお（二十歳）、彼がオリエント学の要をなすと見なしたグノーシス主義に関する考察を行ってさえいる（博士論文『マルキオン』）。自然哲学に限らず、シェリングの哲学全般に関して言えることだが、彼にとって、古代哲学は彼の思想の根幹をなすものにほかならなかった。古代哲学との関連から言えば、シェリングの哲学はプラトンに始まってアリストテレスに終わるとさえ言えるほどである。ことに自然哲学に関して言えば、シェリング自然哲学の古代思想との繋がりが表立って出ているのが、代表的な自然哲学的三著作のうちの第二作である。周知の通り、これら代表的三著作とは、『考案』（一七九七年）、『世界霊』（一七九八年）、『第一草案』（一七九九年）であり、第二作とは『世界霊』のことである。そこでは、自然全体が普遍的有機体をなすことを明らかにすることが課題とされているのだが、非有機的自然と有機的自然とが同一だという、この思想が古代の哲理（特に世界霊の思想）に由来することが明言されている。

後年の自己認識（ミュンヘン講義『近世哲学史』一七二七年）を持ち出して言えば、シェリングは当初から「歴史的なものへの傾向」（X, 94）を抱いており、「全哲学は」彼にとっては「自己意識の歴史」にほかならなかった。ここで「歴史」とは実際の史実の展開、時間的歴史というのではなく、「超越論的歴史」すなわち人間の知性が成立してくるいわば「前史」——時間以前の無時間的歴史——なのである。このコンテクストに即して言えば、自然とは「自我の超越論的過去」ということになる（X, 97）。われわれの目の前に広がっている外界としての自然は、近代の科学が捉えるような自己とは異質で、それと対立した単なる客体としての物体ではなく、われわれ自身、しかもわれわれ自身の過去なのである。[18] このような思想を現代思想の観点から深層心理学的に解釈しようとする試みすらあるが[19]、これはこれで可能で興味深い試みと思われる。たとえばユングは太古の神話とわれわれの深層心理（「集合的無意識」）とを比較した。これに対し、シェリングは、太古の世界の精神をわれわれ自身の幼年期の精神状態と比較している。一七九三年、彼十八歳の折の雑誌デビュー論文『神話論』において（I, 51ff.）。ここでの考察の前提となっている思想は、「個々の人間の歴史と人類の歴史との一致」（I, 132）という思想であり、これを彼は前年の処女作（『悪の起源論』）のなかですでに展開していた。しかも、これが「人間の精神は全体の鏡である」（ebd.）というライプニッツのテーゼに基づいていることを彼は注記していた[20]。これは単純実体たるモナドが全宇宙を映す鏡であるとする彼のモナド論の一テーゼにほかならない。自然と精神との同一性というシェリング自然哲学の根本テーゼの意味をさらにはっきりさせるために、ここでもう少し、シェリングの思想をライプニッツの思想に関連づけて考察しておこう。

周知のとおり、ライプニッツはモナド論において物心一元論を唱えていた。それによれば、真の単純体（「真のアトム」）は、物質的原理（物質は必ず延長をもち無限に分割可能である）によっては捉えられず、延長をもたない魂の原理、精神的原理によってのみ捉えられる。したがって、この一元論の立場に立てば、自然はまどろむ精神、精神は目覚めた自然ということになる。このような思想はシェリングの思想と酷似している。このような思想を前にしていると、「見える精神としての自然」という最初に掲げたシェリング自然哲学の根本テーゼはライプニッツのモナド論のシェリング流焼き直しではないかという思いが当然浮かんでくる。浮かんで当然。両者には内容的に明確な繋がりがあるばかりか、それをテクスト的にも確認できる。先のテーゼは、『考案』「序説」（一七九七年）中に記されているのだが、この『考案』「序説」の際立った特徴の一つは、ライプニッツ哲学に対する注目とその古代思想（とりわけプラトン哲学）との連関の示唆が盛り込まれていることである。

彼〔ライプニッツ〕の思想を再建できる時が来た。……彼は一切および真理そのものを自己のもとで見通す少数者の一人だった。彼は多様な形態のなかに自己自身を開示し、そこで精神が立ち現れ、生命を拡張する普遍的な世界の精神をうちにもっていた。（II, 20）

この哲学〔ライプニッツ哲学〕は前提しているにちがいない。自然のうちに生命の階梯がある、と。すなわち単に有機化された物質のうちにも生命、制限された種類の生命がある、と。この理念は古いものだが、いままで多様な形態で今日まで確固として保持されてきた。――（太古にあっては、すでに全世界は世界霊という活性原理によって浸透されていた。後年ライプニッツの時代になってあらゆる植物に魂が与えられた）。この理念は古いので、このような自然信憑のどのような根拠も人間精神そのもののうちにあると、あらかじめ推定できるであろう。（II, 46）

本節の考察の最後として、さらにライプニッツ、シェリングの物心一元論の意義について触れておこう。今日的な生態的危機に見舞われ、地球規模での環境破壊に陥っている自然――このような危機を招き寄せた根底には、私見によれば、《人間は自然の主人なり》とするキリスト教的な自然支配の思想が横たわっている——客体としての自然に対して「主体としての自然[21]」という思想を復権することが喫緊の課題として浮上してくるであろう。これは言い換えれば、われわれが「自然を直感し把握する新しい器官」(II, 70)を育成しなければならないということである。シェリングはこの課題提起を近代科学的な自然把握(ベーコンの哲学、ボイルとニュートンの自然学)に対抗するものとして行っている(一八〇三年の『考案』第二版での「序説への補遺」)。ライプニッツの哲学に戻れば、彼がモナド論を主張して間もなく、カトリックの神父から厳しい論難がなされていた。それは、ライプニッツのモナド論が人間を「野獣」と同一視する思想だというものだった。すなわち物心一元論は、《神の似姿としての人間》というキリスト教的人間観を根底から否定する、神によって人間に与えられた特権的地位を台無しにするものだということである。後年におけるダーウィン進化論に対する反発と類似の反発はすでに十七世紀に存在したことになる。シェリングの思想もまた当然この思想系譜に属する[22]。なお、先の論難を引き出したライプニッツのモナド論は、この概念の形成過程を追跡してみると、それが古代思想に根ざしたものであることが判明する。彼はある論文のなかで、彼のモナド概念が古代の実体形相の思想を復活させたものであることを明言しているばかりか、それを「形而上学的な点」(IV, 553)と呼んでさえいる。先の『考案』「序説」で、ライプニッツ哲学の重要性を強調したが、後に再び紹介するとおり、第三の自然哲学的著作『第一草案』の鍵概念として「進展」の概念を立て、これによって自然全体の階梯を連続的体系的に構築しようとするのだが、そこでの自然の個体概念を「自然モナド」(III, 23)と命名してもいる。

以上、いわゆる近代科学との連関ならびに先行思想の受容のあり方を顧慮しつつ、シェリング自然哲学の根本性格を特徴づけてみた[23]。続いて今度は、この根本性格を時系列に従って、すなわち各著作に即しつつ見直すことにしよう。ただし、同一哲学に至るまでの初期の諸著作に即しつつ。

二　シェリング自然哲学の成立と展開

0　初期著作リスト

一八〇一年に同一哲学を確立するまでの初期シェリングの代表的な自然哲学的諸著作は前節の考察でも言及した三作（『考案』『世界霊』『第一草案』）だが、これらに前後する諸著作がいくつもあり、これらについて考察することは、全体として自然哲学を理解する上で有益であるばかりでなく、部分的に必要不可欠でもある。それゆえ、以下年代順にそれぞれの著作の基本的な特徴を紹介することにしよう。まずは、これら諸著作のフルタイトルを列挙する。

① 一七九二年『創世記第三章における人間的悪の最初の起源に関する最古の哲理を批判的かつ哲学的に解釈する試み』
② 一七九三年『神話、歴史的伝説、太古の世界の哲理について』
③ 一七九四年『ティマイオス注釈』

④ 一七九四年『哲学一般の形式の可能性について』
⑤ 一七九五年『哲学の原理としての自我もしくは人間知における無制約者について』
⑥ 一七九五年『独断論と批判主義に関する哲学的書簡』
⑦ 一七九五年『パウロ書簡の校訂者としてのマルキオン』
⑧ 一七九七―九八年『最近の哲学文献概観』
⑨ 一七九七年『自然哲学に関する考案』
⑩ 一七九八年『世界霊について――普遍的有機体解明のための高等自然学の一仮説』
⑪ 一七九九年『自然哲学体系の第一草案』
⑫ 一七九九年『自然哲学体系草案への序説もしくは思弁的自然学の概念およびこの学の体系の内的有機化について』
⑬ 一八〇〇年『超越論的観念論の体系』
⑭ 一八〇〇年『力動過程もしくは自然学のカテゴリーの一般的演繹』
⑮ 一八〇一年『自然哲学の真の概念とその諸問題を解決する正しい方式について』

以上、①から⑦までは自然哲学著作が著される以前の段階に属する諸著作。⑧は自然哲学の執筆期と同時期に執筆された論文。⑬は別として⑨から⑮までは自然哲学的諸著作。

1　太古の哲理としての神話と哲学

最初期にシェリングが取り組んだのは、神学徒として当然のことながら、聖書研究であったが、それは、当時の聖書研究の新しい動向――聖書を一つの歴史的文書と見なす批判的歴史的研究――に沿ったものであった[24]。なおこの頃の彼の研究は神話研究のほか、古代哲学とりわけプラトン哲学にも向かっている[25]。

①『人間的悪の起源に関する批判的哲学的解釈の試み』（一七九二年）

テュービンゲン大学神学部に提出された学位論文。当時の学位論文は指導教授の説を擁護する論文を書けば、それで済んだものを、シェリングは独自の解釈を試み、その結果、異例にもそれが活字となった。今日われわれが彼の学位論文の内容に接することができるのは、このお陰である。当論文『悪の起源論』は旧約聖書の第三章に記されている堕罪、原罪の物語を、特にカントの歴史哲学論文『人類の憶測的始原』の所説に示唆を受けつつ、人間のうちに「自由に基づく自発性」（I, 141）が最初に目覚める物語として理解し、そこに「人間的悪の始まり」（ebd.）を見ようとしたものだが、当論文の興味深い点は、論題をカント的に歴史哲学として論じるばかりでなく、神話、たとえばプロメーテウスやパンドーラの神話とも関連づけて考察していることである。このため、彼は知恵の木、蛇、ケルビムなどの象徴的扱いに注目し、それらが「あたかもわれわれの目の前に置かれた絵」（I, 118）であるかのように描かれているとして、記述の具象性を概念の抽象性に対置している[26]。

②『神話について』(一七九三年)

パウルスの編集する哲学神学雑誌『メモラビーリエン』に掲載された雑誌デビュー論文。時にシェリングなお十八歳。学位論文で旧約聖書の創世記第三章の堕罪物語を神話的かつ哲学的に解釈したシェリングは、続く論文『神話について』では、「あらゆる民族の最古の文書」(I, 43)としての神話を、歴史的側面と哲学的側面とに分離して、それぞれの価値と性格とを一般的に規定しようとした。『悪の起源論』同様、ここ『神話論』においてもシェリングは具象を特徴とする神話的語りを、抽象を本質とする概念的説明に対置している。ここでのシェリングの神話観、哲学観は、今日のわれわれの常識的な神話観、哲学観と正反対のものとなっている。シェリングは神話的語りのうちに、思考の未熟さ、幼稚さを見るのではなく、人間の感性の瑞々しさと真理把握の根源性を見ている。たとえば、自然と人間との関係の問題に関して彼の考えるところによれば、自然とわれわれ人間との融和的関係がかつては存在したのだが、こうした関係も後の時代には概念的説明によって別物と化してしまう。

かつて人間は自然の友、息子だったが、いまやその立法者だ。かつて人間は全自然のうちに自己を感じ取ろうとしたが、いまや全自然を自己自身のうちで説明しようとする。かつて人間は自然という鏡のうちに自分の像を求めたが、いまや自然の原像を全体の鏡たる自身の知性のうちに求める。(I, 74)

十八歳の少年シェリングのこの発言は、後年の彼の全自然哲学の根本理念を言い表していると見なしてよかろう。彼は後には哲学的概念語を駆使することになり、一時期、詩人ゲーテを辟易とさせることにもなるのだが。

③『ティマイオス注釈』（一七九四年）

シェリング哲学の根本性格を先とは別の仕方で特徴づけるとすれば、それは古代哲学と近代哲学とのアマルガムということになろう。初期の場合それは、単純化して言えばプラトン哲学とカント哲学とのアマルガムということになる。テュービンゲン時代にシェリングは集中的に古代哲学、とりわけプラトン哲学を研究している。(27) 一七九四年、彼十九歳の折に綴った『ティマイオス』に関する注釈はその一成果である。(28) そこでは、自然全体を生命体と見なす『ティマイオス』における世界霊の思想がカントの第三批判『判断力批判』（一七九〇年）における有機体の思想に比定されていた。(29) プラトンは『ピレボス』（23c-30e）において『ティマイオス』に通ずる宇宙発生論を展開しており、それによれば、宇宙は「知性」（nous もしくは demiurgos）が原因となって生成してくる。すなわち、この「知性」が原因となって、第一の存在たる「無限 apeiron」に第二の存在たる「限定 peras」が加えられることで両者に「共通のもの koinon」が形成される。そうして『ティマイオス』（31c）では、異質な二つのものを結び合わせる第三者としての「絆 desmos」の不可欠なことが強調されている。(30) シェリングは『ティマイオス注釈』においてプラトンのこのような思想に注目するばかりでなく、apeiron（無限）、peras（限定）、aitia（原因）、koinon（共通者）という四概念を用いた「原物質 Urmaterie」の形成という自然哲学の基礎理論に発展する構想をも立てている（*Tim.*, 59ff.）。後年の『概観』に認められるカントの時間と空間の概念をプラトンの apeiron と peras の概念に対応させてそれらの合成によって「第三の共通のもの（プラトンにおける koinon）」を産出させるという議論（I, 356f.）は当『注釈』の所論を受けているし、同じく後年における『第一草案』において二つの対立力（引力と斥力）を総合する力として提起される「第三の力」の概念も同『注釈』でのプラトンの対立者を合一する triton genos（第三の類）としての desmos（絆）の概念への注目に由来する。

本『注釈』は、必ずしも自然哲学のみをテーマとした手稿というわけではないが、自然哲学形成の「前段階」をなす文書としてきわめて興味深いばかりか、シェリングが寄せる古代哲学に対する強い共感をわれわれにじかに感じさせてくれる点でも貴重である。

2　無制約者としての自我

パウルスの編集する哲学神学雑誌『メモラビーリエン』に論文が掲載されることは、テュービンゲンの神学徒たちにとって大きな栄誉であった。先にその要点を見たシェリングの論文『神話論』はこの雑誌に掲載された。これがきっかけとなって、かつての同窓生ヘーゲル——彼は神学部をすでに卒業し、その折家庭教師先のベルンに在住——から手紙をもらうことになる。一九七四年クリスマスイヴのことである。五歳年少でなお神学寮にいるシェリングは年明け間もなく（一月五日）返書を送る。

君はパウルスの『メモラビーリエン』に掲載されたぼくの論文のことを書いてくれているけれど、それはもうかなり前に大慌てで仕上げたものです。もっともそれ以外に書きようもなかったでしょうが、ぼくの神学に関する仕事について君にたくさんお知らせできません。ここ一年ばかり、それらはぼくには脇の仕事になってしまっているからです。これまでぼくの興味を惹いた唯一のことは旧約聖書と新約聖書、それにキリスト教的な最初の諸世紀の精神に関する歴史的研究でした。……でもぼくはいま哲学に打ち込んでいます。哲学は未だ終わりに至りついていません。カントは結果を与えはしましたが、未だ前提が欠けています。いったい誰が前提なしに結果を理解できるでしょうか。……フィヒテがこの前にここに滞在した時、彼はカントを究めるにはソクラテスの天才がなければならないと言いましたが、日増しにこの言葉の正しさに気づかされています。――ぼくたちはもっと哲学に勤しまねばなりません。……（Br. I, 14）

フランス革命後のドイツにおいてカント哲学は、ヘーゲルやシェリングたちの間で「ドイツにおける革命」を意味するものとして受け取られた。ただしフィヒテによるカント哲学の完成、すなわち単一原理から理論哲学と実践哲学とを統一する試み（知識学の試み）を受けて、シェリングのカント哲学に対する判定は右に引用した書簡に認められているとおり、「カント哲学は結果を与えはしたが、前提を欠いている」というものだった。[31] 若きシェリングは、フィヒテとともに、だがフィヒテとは一味違った仕方でこの前提形成に取り組むことになる。その最初の試みが『形式論』にほかならない。

④『哲学一般の形式の可能性について』（一七九四年）

哲学論文としては最初のものであるこの論文は、フィヒテが初めて知識学の構想を語った論文『知識学の概念について』（一七九四年）に刺激されて執筆されたため、従来はフィヒテとの関連のみに議論が集中していたが、近年では、先に注目しておいた『ティマイオス注釈』との関連にも目が向くようになっている。時期的にもこの論文は当『注釈』に引き続いて書かれたものであった。

『形式論』の課題は、フィヒテ同様、カントのカテゴリーの演繹の改善にあったが、その際、シェリングはその決定的に重要な箇所で、『注釈』において注目したプラトン『ティマイオス』の諸概念を念頭に置きつつ行っているように思われる。周知のとおり、フィヒテは知識学の試みにおいて三原理——(i)自我の自己措定と、(ii)自我に対する非我の反措定と、(iii)両者の総合という——三つの根本原理を設定することによってカント哲学の改善を図ろうとした。シェリングの定式化によれば、「これら三原理によって学問の全内容と全形式が生み出されている」（I, 100）。「これら諸原理は全学問の原形式を含む」（I, 101）。ここにいう「原形式 Urform」をシェリングは、「無制約性」「制約性」「無制約性によって限定された制約性」と規定しているが、これらは、彼がすでに『注釈』で注目したプラトン的諸概念に対応させた規定と解することができる。[32] すでに述べたとおり、プラトンは『ピレボス』（23c-30e）において『ティマイオス』に通ずる宇宙発生論を展開しており、それによれば、宇宙は「知性」（nous もしくは demiurgos）が原因となって生成してくる。すなわち、この「知性」が原因となって、第一の存在たる「無限 apeiron」に第二の存在たる「限定 peras」が加えられることで両者に「共通のもの koinon」

が形成される。そうして『ティマイオス』(31c) では、異質な二つのものを結び合わせる第三者としての「絆 desmos」の不可欠なことが強調されている。

シェリングは『注釈』においてプラトンのこのような思想に注目するばかりでなく (*Tim.*, 59ff.)[33]、プラトンの三概念 (「無限」「限定」「共通」) を、ここ『形式論』では、フィヒテ知識学の三原理に重ね合わせ、さらには『概観』の第一論文 (一七九七年) では、空間と時間および「第三の共通者」の概念に重ね合わせる (I, 356f.)。

⑤『自我について』(一七九五年)

次々と新しい考えを打ち出し続けるシェリングの活動が変身に継ぐ変身という印象を人々に与えたため、彼はしばしばギリシア神話に登場するプロテウスになぞらえられる。だが、こうした一般の見方とは正反対に、彼は一つの根本問題を飽きることなく執拗に追究し続けたと見なすこともできる。一つの問題とは何か。それは、自由の問題である。彼が最初の論文、処女作で扱ったのも、堕罪の問題 (神からの背きとしての人間的自由の問題) であったし、彼の代表作と目されるのも、文字通りこの問題を本格的に論じた『自由論』(一八〇九年) である。表立ってテーマとされている著作は、シェリングの多大な諸著作のなかでたった二作を挙げうるにすぎないと言われかもしれないが、この見当に対するいま一つの材料としてヘーゲル宛書簡 (一七九五年二月四日付) の次の一節を引用しておこう。

ぼくはこの間にスピノザ主義者になった。スピノザにあっては世界（主体と対立した客体そのもの）が――すべてだった。ぼくの場合、自我がすべてだ。批判哲学と独断哲学の本来の区別は、ぼくには次の点にあるように思える。すなわち前者は（未だ客体によって制約されない）絶対自我から出発し、後者は絶対的客体、非我から出発する。後者はスピノザの説に至り、前前者はカントの説に至る。哲学は無制約者から出発しなければならない。この無制約者が自我のうちにあるか非我のうちにあるかが問われるだろうが、この問いが決まればすべてが決まるのだ。――ぼくの場合、全哲学の最高原理は、純粋な絶対自我すなわち客体によってけっして制約されないで自由によって措定された端的な自我たるかぎりの自我だ。すべての哲学の初めにして終わりは自由なのだ。

この若きシェリングの自由宣言が後年の諸著作のどこにまで及んでいるか。このような問いのもとに全著作に当たるのも、シェリングの諸著作の意義の一つの解読のあり方であろう。

すでに指摘したとおり、シェリングのカント哲学に対する判定は「カント哲学は結果を与えはしたが、前提を欠いている」というものだった。シェリングは『自我論』において、この前提作りに取り組む。彼はその「序言」に言う。「私は、批判哲学の結果を全知の諸原理に引き戻して叙述しようとした」と（I, 152）。全知の諸原理の前提、出発点をなす最高原理、それが先に引用したヘーゲル宛書簡にも登場する「無制約者 das Unbedingte」にほかならなかった。シェリングはこれを語釈的に「けっして物（Ding）とならなかったし、物（Ding）となりえないもの」と規定している（I, 166f.）。このようなものとしての「無制約者」は、彼にとっては、絶対自我以外にありえなかった。これのみが唯一、「物」「客体」になりえない真の意味での絶対者だからである（ebd.）。絶対自我としての「無制約者」を全知の根拠づけの出発点、根本原理に据えることのほかに、『自我論』を特徴づけるもう一つの際立った点は、初期を通じて中心的な役割を果たし続ける「知的直観」の概念が、この論文で初めて登場することである。絶対自我としての「無制約者」の核心をなすものはむろん自由であったが、「知的直観」はこれを規定可能にするものとして導入されている。けだし、自由は感性界に属するものではなく、超感性界、叡智界に属するものだからである。人間に最高の知としての直接知は（プラトンの線分の比喩にも認められるとおり）真知としての直観だが、これは物、客体によって制約される「感性的直観」ではありえない。フィヒテも自我を措定するために、これに代えて「知的直観」の概念を導入している。「絶対的主体、自我は経験的直観によって与えられるのではなく、知的直観によって措定される」と（『エーネシデモス批評』一七九二年、I, 10）。おそらくはシェリングもこれに倣ったのであろう[34]、自我を知的直観によって規定する。「自我が自我であるのは、ただそれが金輪際客体になりえないことによってのみである。したがって、自我は感性的直観においてではなく、ただけっして客体を直観せず、感性的ではないような直観、すなわち知的直観においてのみ規定可能でありうる」（I, 181）。

以上のように見てくると、『自我論』における知の根拠づけの試みは、もっぱらフィヒテの構想に沿って進められているように見えはするが、必ずしもそうではない。この論文の「序言」の末尾では、その課題が「スピノザの『エチカ』に比肩するものを樹立するという構想を実現すること」（I, 159）にあることが宣言されている。そうして実際には、シェリングは根本原理たる「無制約者」の根本規定においても、また「知的直観」の性格づけにおいても、一方でフィヒテの先例に倣いつつも、他方でスピノザに範を仰いでもいた。スピノザは、「無制約者」を「一般者」「抽象概念」から区別していた。後者は、彼によれば、個別者によって制約されているばかりか、想像力の所産にすぎないと見なされる(I, 184)。彼にあっては、「無制約者」は認識の最高の段階(第三種認識)としての「知的直観」によってのみ規定可能である(I, 185)。

ところで、先に見たヘーゲル宛書簡での、シェリングの自由宣言は、彼のスピノチスト宣言のもとでなされていた。初期シェリング哲学のみならず自然哲学においても、スピノザ説は中心的役割を果たし続ける。後の発言をもち出して言えば、シェリングはそのうちに実在と観念とが同一だという根本テーゼを見出しているし(「スピノザは、われわれの本性のうちに観念と実在(思考と対象)が最も内的に合一されていることを洞察した」『考案』「序説」一七九七年)、また自身の自然哲学を「自然学のスピノザ主義」と規定さえする(『草案序説』一七九九年)。すでに見たとおり、ここ『自我論』でも、この論作の課題がスピノザ説と関連づけられて、「スピノザの『エチカ』に比肩するものを樹立するという構想を実現すること」(I, 159)にあるとされていた。興味深いことには、ここ『自我論』においてすでに、シェリング初期の哲学全体に通ずる構想および自然哲学の構想が打ち出されているが、それはこのような抱負に基づいてのことであった。[35] 曰く、自我の究極目的は、自由の法則を自然法則に、自然法則を自由の法則にすること、〔言い換えると〕自我のうちに自然を、自然のうちに自我を産出することである。(I, 198)

⑥『独断論と批判主義に関する哲学的書簡』(一七九五年)

正統派神学に対する論争的批判文。書簡体で書かれ、かつ匿名で出版された。ここでシェリングが批判を企てた直接の相手がテュービンゲン神学寮での彼の教師たちであり、また彼がなお修了試験を控える学生でもあったためである。

カントの批判哲学は「理性の弱さ」(理性が必然的に陥る自己矛盾、アンチノミー)を暴き出し、神と自由と不死を実践理性によって単に要請される諸理念と見なした。このようなカントの批判哲学の成果を、たとえばテュービンゲンの神学者シュトルは逆用する。シュトルは、カントの要請論を神の存在が超自然的事実であることの証左と読み替え、かつ人間本性の弱さゆえに、人間は幸福を徳の報酬として期待してよいと説いた(『カントの哲学的宗教論に関する評注』一七九三、九四年)。シェリングはこのような説を、「批判主義の分捕品から独断論の新しい体系を構築しようとする」(I, 283)策動と見る。われわれは、シェリングがスピノチスト宣言を行っていたことをすでに見ている。彼のスピノザ主義はここでは正統派神学を批判するために拠点を提供する。[36] 汎神論(Deus sive natura)、内在神を根本特徴とするスピノザの神概念は、人格神にして超越神という正統派の神概念と真っ向から対立していた。シェリングは、レッシングとともにスピノザの神概念を受け入れ、一方でこれによって正統派と対決するとともに、また他方で「知的直観」の人間精神への内在というスピノザ説に依拠しつつ、カントの要請論をも乗り越える。神と自由と不死とは、経験を超えた理念ではなく人間精神に内在する「知的直観」による経験なのである。「この直観は優れて内的で優れて自身の経験である。われわれが超感性界について知り考える一切はこれのみに依存している」(I, 318)。

このように、われわれがわれわれの精神に内在する「知的直観」によって「無制約者」に直接接することができるとしても、そこにはなお次のような難問が待ち構えていた。すなわち、「私はそもそもいかにして絶対者から抜け出て対立者に向かうようになるか」(I, 294)という問題である。シェリングが『哲学的書簡』において哲学の主要任務と見なしたもの、これぞまさしくこの問題——「世界の現存の問題」——を解くことにほかならなかった。曰く、「全哲学の主たる仕事は、世界の現存の問題を解くことにある」(I, 313)。以後シェリングが繰り返し説き続けることになる自然哲学は、この課題解決の試みにほかならない。

⑦『パウロ書簡の改訂者としてのマルキオン』(一七九五年)

一七九五年秋にテュービンゲン大学神学部に提出された博士論文。興味深いことに、当論文においてシェリングは、二世紀終わり頃のグノーシス主義の代表者マルキオンの思想に取り組んでいる。グノーシス主義とは、オリエントの哲学やユダヤ教神秘主義(カバラ等)などに由来する宗教運動であったが(37)、啓示を神秘的直観としてのみ認める点や、現世を悪魔の支配下にあると考える点などから、キリスト教の成立後、とりわけ二、三世紀、教父たちによって異端として激しく糾弾されることになった。十八世紀にグノーシス主義が知られることになったのは、十七世紀末頃に始まった教父たちの思想の研究であり、したがって異端思想としてであったが、シェリングも博士論文のなかで異端攻撃の急先鋒であった教父エイレナイオスやテルトゥリアヌスの思想に取り組んでいる。彼の基本的な立場はグノーシス主義を異端として攻撃する教父たちに対する批判、ひいてはキリスト教正統派に対する批判であった(38)。この点、同年に出現したテュービンゲン神学寮の正統派に対する匿名の批判文書(『哲学的書簡』)の著者がシェリングであったことを考え合わせると、彼の正統派に対する反発の強さが想像できる。しかしながら、シェリングが博士論文でグノーシス主義を主題としたのは、そこにオリエントの哲学の精髄の一つがあると見なしたためであった。彼にとって古代哲学とは、十八世紀の思想動向同様、プラトン哲学に代表されるギリシアの哲学のみならず、グノーシス主義を要にしたオリエントの哲学をも含んでいた(39)。シェリングの思想発展からすれば、中期に属するが、エアランゲン大学で行われた講義のなかで、根本概念としてエクスタシー(脱自・忘我)を提起する折、彼が主として拠所とするに至るのは、グノーシス主義そのものではないものの、オリエントの知恵にほかならない(40)。シェリングの哲学は深いところでオリエントの哲学を含む古代哲学に繋がっている。

⑧『最近の哲学文献概観』(一七九七―九八年)

ニートハンマーとフィヒテの編集する『哲学雑誌』に匿名で一七九七年から九八年にかけて八回にわ

たって連載された雑誌論文。後年シェリング自身が編纂したシェリング著作集第一巻（一八〇九年——これに『自由論』が掲載される）に「知識学の観念論の解明に関する論文」とタイトルが代えられて採録される。この論文でシェリングが試みたことは、彼自身の後年の回顧（ミュンヘン講義『近世哲学史』一八二七年）によれば、「自我とそれによって必然的に表象される外界との断ち切りえない連関を、現実的経験的意識に先立つこの自我の超越論的過去によって説明することであった。これは、自我の超越論的歴史へと導いた説明であった」（X, 94）。

ここで再び「自我の超越論的過去」という語に着目すれば、これは「現実的経験的意識に先立つ」ものとして提示されている。すなわちそれは、現実的時間の外、時間以前を意味しており、この点で、上で見た『自我論』に登場した「知的直観」概念と結びつく。シェリングは言う。「知的直観において、自我は自己を時間の外に絶対的実在性として産出する」（I, 206）と。このような「直観」は、『概観』第一論文（一七九七年）では、フィヒテ的自我に重ね合わされて、対立活動の合一機能と見なされる。「精神には元来対立した行為がなければならないであろう。……かの両活動は自我のうちで根源的に合一されている。自我はこれを、自我が両者を単一の行為のうちに統合することによって知る。この行為を直観という」（I, 368）。『概観』第三論文（一七九七年）では、このような「直観」の規定を復唱しつつ、行為の目標が設定される。「精神の全行為は無限を有限のうちに表現することに向かう。あらゆるこうした行為の目標は自己意識であり、このような行為の歴史は自己意識の歴史にほかならない[41]」（I, 382）。

ここに「無限を有限のうちに表現する」という発想は、個々のモナドがそれぞれ全宇宙を映す鏡であるとするライプニッツの「表象 representation」概念を彷彿とさせるばかりでなく、精神の行為の目標を自己意識に置くという発想、言わばそれを無意識から意識に向かう歩みとする構想も、混沌たる表象から明晰な表象への歩みとしてモナドの展開を叙述したライプニッツのモナドロジーの構想を思い起こさせる。実際シェリングは、先に引用した箇所のやや後の箇所では、「自己意識の歴史」をライプニッツの『哲学原理』（＝モナドロジー）第二二節からの引用――「現在は未来を孕む praesens gravidum futuro」――を交えつつ、魂（＝モナド）の時間性、発展すなわち「それ自身の維持のみに向かって努力する魂の根源的活動」もしくは「魂が自己自身を無限者へと回復するやむにやまれぬ活動」としてパラフレーズしている（I, 384f.）。

ただ他方、先の引用文に登場している「行為 Handlung」という用語や「歴史 Geschichte」という用語は、間違いなくフィヒテの『全知識学の基礎』（一七九四年）における用語の借用である。とりわけ「歴史」に関して言えば、フィヒテはそこで「表象の演繹」を「人間精神の実用的歴史」として構想していた[42]。ともあれ、シェリングの全構想を支えることになる「自己意識の歴史」という構想が、ここ『概観』で提示されたのである。なお、この構想が超越論哲学（＝観念論）の基礎づけに留まらず、自然哲学（＝実在論）の基礎づけにまで及ぶものであることも最後に指摘しておく。『概観』が『考案』と平行して同時に執筆されたものでもあるという事実を念頭に置くことも、超越論哲学（＝観念論）と自然哲学（＝実在論）とを関連づけて理解するために役立つであろう。

3　無制約者としての自然

『哲学雑誌』に『概観』論文が掲載されたのとほぼ同時期に、立て続けに自然哲学的諸著作が刊行される。次いで、これらの要点を確認することにしよう。

⑨『自然哲学に関する考案』（一七九七年）

自然哲学を主要テーマとした最初の著作。ライプツィヒにて単著として刊行された。シェリングはテュービンゲンでもすでに、ジュネーヴ学派のルサージュの弟子に当たるプフライデラー（Chr. Fr. Pfleiderer, 1736-1821）の自然学を学んだばかりでなく(43)、ライプツィヒでの家庭教師時代（一七九六―九八年）には、当地の大学にて数学、自然学、医学の講義を聴き、自然哲学的知見を広げていた。本書『自然哲学考案』本文にはその知見、成果がふんだんに盛り込まれている。これは以下の意味で、言わば〈アイデア集〉にほかならない。

ここでまず本書に関する、取るに足りないように見えはするが、見過ごすことのできない重大な誤解の解消に努めなければならない。これは本書のタイトルの邦訳にかかわる。本書のタイトル *Ideen zu einer Philosophie der Natur* は今なお『自然哲学の理念』と訳し続けられている。ここでの Ideen を「理念」と訳すことは重大な誤解を呼び起こす。何よりもまず、われわれはこの書の二部から構成されている本文全体とそれに付されている長大な「序説 Einleitung」とを截然と区別しなければならない。両者は形式的にも内容的にも決定的に異なっているからである。自然哲学全体の基礎をなし、自然哲学の諸説、各論を統一づける「理念 Idee」は「序説 Einleitung」で初めて主題化される。これとは異なって本文はその前段階として「諸々の思いつき・着想（Ideen）」を綴ったものにすぎないのである。この点、シェリング自身この書の「序言 Vorrede」で次のように明記している。

本書はこの計画〔応用哲学としての自然論の学的基礎づけ〕を遂行する手始めにすぎない。本書の基礎にある自然の哲学の理念（*Idee*）に関しては序説（Einleitung）で説明するであろう。本書の哲学的諸原理の吟味はこの序説から始まることを私は期待せざるをえない。〔計画の〕遂行に関してはタイトルがすでにその何たるかを告げている。本書は学問的体系ではなく自然の哲学に関する諸考案（Ideen）を含むにすぎない。本書はこの主題に関する一連の各論と見なしうる。（II, 4）

筆者がこれまで一貫して本書を『考案』と表記してきたのはこのためである[44]。シェリングが彼の最初に自然哲学的著作に *Ideen zu einer Philosophie der Natur* というタイトルを付した際に念頭に置いていたのは、おそらくヘルダーの『人類史の哲学に関する考案』*Ideen zu einer Philosophie der Geschichte der Menschheit*, Riga und Leipzig 1784-1791 であろうと思われる。ヘルダーは、無機物から有機体そうして人類へと発展する自然史的な歩みを「人間性」成立の歩みとして描き出そうとした、この書の試みを、「序言」のなかで、「人類史の完全な哲学」という「本道」を提供しようとするものではなく、「諸考案の進行 Ideengang」という「ささやかな歩道」を指し示すものにすぎないと特徴づけていた（VI, 11）。[45] シェリングの『考案』の「序言」での特徴づけも、ヘルダーの特徴づけに沿っているばかりでなく、内容的にも、ヘルダーの書同様——ただし、こちらは大著ではあるが——本格的なものではなく、試論的なものに留まっている。ヘルダーの Ideen に似て、シェリングの Ideen も、いろんな素材がふんだんに盛り込まれており、たとえば、ゲーテはこの書のこういう性格に辟易している。

もっとも二部構成を採っているこの書の第二部「哲学的部門」は第一部「経験的部門」より比較的組織立っていて、自然学の基礎に据えるべきものとシェリングによって考えられている動力学の第一原理を設定するための様々な議論に続いて化学の根本概念の吟味がなされている。言い換えるとそこでは物質論の基礎理論の構築が目論まれている。自然哲学の個々のトピックについてはいま措くとして、ここでは特に、超越論哲学（観念論）とも関連する自然哲学の根本構想についてのみ見ておくことにする。

本書第二部第四章は「直観と人間精神の本性からの物質概念の最初の起源」と題されており、このなかにそれが述べられている。シェリングがここで立てる根本的な問いは、「引力と斥力の概念はどこから？」という両対立概念の由来、起源に関する問いであった。[46] 両対立概念は、カントが『自然科学の形而上学的原理』（一七八六年）の「動力学」に関する章で、物質を構成する根源力と見なした物質論の根本概念にほかならなかった。このような根本概念の起源をシェリングは「直観」のうちに求める。「直観そのもののうちに、なぜ物質にかの両力が属するかということの根拠があるにちがいない。われわれの外観の性情から明瞭たらざるをえないことは、この直観の客体たるものが物質すなわち引力と斥力の所産として直観されざるをえないということである」。ところで「直観とは何か」これが次の問いである。そこで彼は、（『概観』での論調に同じく）われわれの精神が能動と受動という相反する活動からなり、かつ精神はこれらを合一するものであること、およびこのような精神的な行為が「直観」と呼ばれることに注目し、こうした精神の行為と、両力の対立的作用とその均衡による物質構成との間に構造的類似性を認めるに至る。「自然力が二分されるところに徐々に生ける物質が形成される。二分化された両力のこのような闘争のうちで生けるものが持続する。それゆえにのみ、われわれはそれを精神の見える類比物（Analogon）と見なす」（II, 222）。後に見るように、後年の『体系』のなかでも同様の考えが述べられ[47]、『考案』のこの箇所ともども、双方のうちに、われわれはシェリング自然哲学の根本構想を読み取ることができる。別の形で言い換えれば、これは「自然は見える精神であり、精神は見えない自然であろう」という『考案』「序説 Einleitung」のテーゼとなる。

先のテーゼ——本章の考察の冒頭にシェリング自然哲学の根本テーゼとして掲げたテーゼは『考案』の「序説」に記されたものであった。すでに指摘したとおり、『考案』には長大な序説が付されており、しかもそれは当然「自然哲学考案への序説」とされているため、誰しも額面どおりに受けとめ、考案に対する序説と見なしがちだが、これは内容的には『考案』に対する序説というよりはむしろ後の諸著作すなわち『世界霊』や『第一草案』に対する序説となっている[48]。すなわち、当「序説」は、内容的に見て『考案』の序説として執筆されたものとはなっておらず、実際のところは『考案』本文執筆後、彼のさらなる自然哲学構想を可能にさせるための基礎的議論がなされたものなのである。

すでに言及したとおり、当「序説」でわれわれの目を惹くものの一つは、シェリングによるライプニッツのモナド論に対する注目である。先の根本テーゼも、本文第二部第四章の考察に、ライプニッツの息吹が吹き込まれて作文されたものと思われる。また自然哲学という点で言えば、『第一草案』の自然哲学体系全体を推進する中心概念である Evolution（進展）の概念はライプニッツのモナド論との関連なしには考えられない。この点でも「序説」は『第一草案』に連なっている。またこの「序説」が『世界霊』と連なっていることは、そこに「世界霊」の概念への注目が認められることから明らかである。なおその上、プラトンの思想とライプニッツの思想とが密接な関連のもとで論じられていることの古代哲学的意義に関してはすでに述べたとおりである（本書一一―一二頁）。

⑩『世界霊について』（一七九八年）

古代ギリシアの知恵、「世界を体系として形成し有機化する原理」すなわち「世界霊」という理念を借りて、宇宙、自然全体を「普遍的有機体」として把握し説明しようとする試み、これがハンブルクで単著として刊行されたシェリングの第二の自然哲学的著作『世界霊』である。すでに注目したとおり、シェリングは『考案』「序説」において「ライプニッツ哲学を再建する時が来た」（II, 20）とライプニッツの哲学を最大限に高く評価し、モナドロジーの思想を次のように要約していた。「ライプニッツが根源的に実在的で自体的に現実的と認めたものは表象する存在者であった。というのも、元来このうちにのみ、かの合一は存在したのであり、そこから初めて現実的と言われるあらゆるものが発展し生ずるからである」[49]（II, 46）。シェリングはモナドロジーのこのような根本思想のうちに「自然における生命の階梯」を見出し、その生命原理を「世界霊」に同定させる（ebd.）。この語そのものをタイトルとするシェリング第二の自然哲学的著作は、『考案』「序説」でのこの構想を「普遍的有機体の解明のための高等自然学の一仮説」（これがサブタイトルである）として展開しようとするものにほかならなかった[50]。興味深いことに、「世界霊」の理念はこの著作の末尾では、「エーテル」概念とも同定されている。「エーテル」概念は自然全体に充満する精気を意味する古代哲学的な理念であるばかりでなく、ニュートンもこれを自然全体を統一づける仮説として活用していた[51]。

ともあれ、自然を有機体として捉える試みは、むろんカントの『判断力批判』の第二部「目的論的判断力の批判」における有機体論にすでに見られ、シェリングの試みが、『ティマイオス注釈』においてすでに古代における生命的自然像とカントの有機体論との類似性が指摘されていたことからも明らかなとおり、古代思想との関連に留まらず、カントの試みとも関連があることは間違いない。ただ、カントの有機体論は、個々の個体が機械論的な原因結果という一方向的な「作用因の因果関係 nexus efficience」ではなく、原因と結果とが相互に依存し合う「目的因の因果結合 nexus finalis」（V, 372）にあることを説くものであって、古代思想のように自然全体がそれ自身、生き物であるという考え方を採るわけではない。しかも目的論的有機体論では、自然物が現実的、実在的に有機体だというのではなく、「あたかも有機体であるかのように」想定しうるという統制的原理に基づくという制限のもとにあった（V, 375）。むろんシェリングの場合も自然全体を有機体と見なすというのは、本書の副題にあるとおり「一仮説」にすぎない。とはいえ、これによってシェリングはカントの構想を根底から覆し逆転させている。曰く「機械論のないところに有機体が存在するのではなく、有機体のないところに機械論が存在する」（II, 349）。カントは原理、法則が与えられており、それに基づいて個々の規定が因果的にすなわち機械論的に規定される命題を学的と見なし、それ以外すなわち機械論の通用しない領域を学的なものとは見なさなかった。これが統制的原理に基づく有機体の領域にほかならなかった。だが、すでに指摘したとおり、シェリングにおいては自然全体が有機体と見なされる。彼にとって「有機体とは、個別的自然物の特性ではなく、逆に個別的自然物が普遍的有機体の多様な制限……にほかならない」（II, 500）。個別的有機体と普遍的有機体とがこのような関係にあると見なされたがゆえに、「あらゆる有機物の階梯が同一の有機化の漸次的発展によって形成された」（II, 348）という、後の『第一草案』における「進展Evolution」の構想に連なる構想も可能となった。

ともあれ、シェリング自然哲学のカント説との関連は入り組んでいて、その一つ一つを正確に押さえる必要がある。ただ全般的に言えば、『考案』がカントへの依存が強く、『第一草案』に至ってようやくカント説への依存から脱却すると言ってよい(52)。『世界霊』はその中間段階。自然哲学の基礎、出発点に位置する物質の構成論の根本構想を、シェリングはカントの『自然科学の形而上学的原理』の「動力学への総注」における着想――引力と斥力という対立した二つに力が均衡を保つ作用比の相違によって物質の種差を説明するという着想――から得ており、この着想に自然哲学的内実を与える努力、これが、ことこの点に関する限り、シェリング自然哲学の試みだと言ってもよいほどで、ここ『世界霊』では特に、シェリングは磁気や電気に典型的に認められる対立する両極（NとS、＋と－）が対立しながら均衡している「両極性 Polarität」という特性に注目し[53]、「世界霊」という古代的知恵を借りての「普遍的有機体論」の試みに役立てている。

⑪『自然哲学体系の第一草案』（一七九九年）

『考案』のごった煮のような論述には辟易としたゲーテも、『世界霊』は大層気に入り、後年「世界霊」という詩まで作っている。いやそれどころか、ヴァイマールの宮廷からイェーナ大学の人事に睨みを利かしていた彼は、直ちに二十三歳という若さのシェリングを当大学の員外教授として招聘してさえいる。シェリングはこの招聘を受け、ドレースデンに立ち寄り、シュレーゲルたちとしばし親交を温めて後、一七九八年十月イェーナ――当時カント哲学受容の最先端であり、シュミット、ラインホールトそうしてフィヒテが教鞭をとった、かのイェーナに赴任する[54]。

一七九九年イェーナとライプツィヒを出版地として刊行された『自然哲学体系の第一草案』は、赴任と同時に行われたシェリング最初の講義原稿（九八―九九年冬学期）にほかならなかった。個々のトピックの多くはすでに『世界霊』で論じられたものではあったが、すでに指摘したとおり、タイトルでも「自然哲学の体系」と銘打たれているとおり、シェリング自然哲学としては初の体系的著述であり、この体系全体を推進する原理、それが「進展 Evolution」概念にほかならなかった[55]。Evolution という語は今日的には「進化」を意味するが、「進化」と言えば、直ちにわれわれはダーウィン進化論を思い浮かべる。思想内容的には類似性があるとはいえ、理論的には根本的に異なっており、両者は截然と区別すべきものである。かねてより筆者がこれに「進展」という訳語を当てているのもこのためである。発生学の歴史として言えば、十七世紀以来、生物の発生に関して卵、胚の段階で成長後の成体のすべてが準備されていると見なすか（前成説）、形質が成長の過程で獲得されてゆくと見なすか（後成説）をめぐって論争が繰り返されており、カントはこれに対して後成説に親近感を寄せながらも中立の立場を表明し（『判断力批判』第八一節）、シェリングは後成説を支持している(56)（III, 61）。ともあれ、自然哲学体系全体を統一する「進展」の概念は、すでに指摘したとおり、ライプニッツのモナド論を受容したものであり、個々の個体も「自然モナド」（III, 23）と規定されている。シェリングの定式化によれば、『第一草案』の中心課題は「自然一般における力動的階梯をアプリオリに導出する」（III, 69）ことにあった。「進展」概念はこの「アプリオリな導出」を可能にさせる推進原理なのである。むろんこの「アプリオリな導出」という語は、超越論的基礎づけというカント的課題との関連を示唆する語であるから、この課題の推進は、カントの超越論哲学とライプニッツのモナド論とのアマルガムとして遂行されるということになるが(57)、「自然一般における力動的階梯」に関連して、その先蹤と目すべきものは他に種々ある。たとえば一つには、カントの『自然科学の形而上学的原理』（一七八六年）における引力と斥力という対立力が形成する力比の種差から物質の種差を構成するという着想、いま一つには、ヘルダーの『人類史の哲学に関する考案』（一七八四―九一年）における「有機力」の概念に基づく「人間性」成立に至る自然史的叙述(58)、さらには、この刺激のもとになされたキールマイヤーのカールス学院での「有機力の諸関係」に関する講演（一七九三年）における補償法則――「感受力（感受性）が有機体の階梯において徐々に刺激反応性と再生力によって抑圧され、……一方が増大すればするほど他方が減少する」[59]というように、両者が反比例しつつ均衡を保つ、など。

右で『自我論』や『概観』や『考案』における根本原理としての「無制約者」の概念や、自然哲学の根本構想としての自然と精神との構造的類似性について言及したが、ここ『第一草案』では、こうしたこれまでの根本原理、根本構想が体系という装いのもとに再度登場する。『第一草案』の自然哲学体系の出発点をなすのも、「無制約者」の概念である。『自我論』においては「無制約者」の根本規定は、カントやフィヒテの場合同様、「自由」であった。自然哲学においてもこの根本規定は活かされる[60]。すなわち彼の自然哲学が〈存在の自然学〉ではなく〈生成の自然学〉であるというように[61]。「根源的なものとしての存在の概念は（超越論哲学からと同じく）自然哲学から排除されるべきである」。言い換えると「自然は無制約者と見なされるべきである」（III, 12）。ただし、そのための条件として「存在そのものの概念のうちに自由の隠れた痕跡が発見できる」ことが挙げられている。これは自然哲学的に言えば、「自然は無制約な実在性を有している」ということを意味する（III, 13）。あるいは他の興味深い言い方に倣って言えば、「自然哲学者は自然を、超越論哲学者が自我を扱うように扱う」（III, 12）ということになる。『第一草案』の自然概念の根本規定は、言い換えると、フィヒテ知識学における絶対自我の「事行 Tathandlung」に匹敵するような自然の「絶対的活動」にほかならなかった。これはフィヒテ的概念のシェリングによる拡張的使用には違いないが、このような使用は単にそれのみに留まらず、逆にフィヒテ哲学の根本的改変、創造的改鋳となるものであった。『第一草案』の二年後（一八〇一年）に『私の哲学体系の叙述』によってシェリングは同一哲学——初期哲学の到達点に相当する——を樹立することになるが、その「まえがき」のなかで、彼はフィヒテの観念論と自身のそれとの相違を次のように述べることになる。

たとえば、フィヒテは観念論を全く主観的な意義において考えることができたであろう。これに対し、私は観念論を客観的な意義において考えることができたことになろう。言い換えると、フィヒテは反省（Reflexion）の立場に立つ観念論によって自身を支えることができたであろう。これに対し、私は観念論の原理によって自身を産出活動（Produktion）の立場に立たせることができたということになろう。この対立を最も分かりやすく表現するとすれば、主観的な意義における観念論が主張せざるをえないのは、「自我がすべてだ」ということであろうし、客観的な意義における観念論が主張せざるをえないのは、それとは逆に「すべてが自我だ」ということであろう。（IV, 109）

「反省 Reflexion」の立場に立って「自我がすべてだ」と主張する主観的観念論としてのフィヒテ知識学とは逆の立場に立つとされた、「すべてが自我だ」と主張する客観的観念論としてのシェリング自然哲学は、ここでは、その拠って立つ立場が「産出活動 Produktion」にあるということが明言されている。(62) この規定は、『第一草案』刊行の後、同年の一七九九年に上梓された小著『草案序説』でのそれを受けている。

⑫『自然哲学体系草案への序説』（一七九九年）

シェリングは、イェーナ大学で彼の最初の体系構築の試みを講じて後、直ちに、それに対する「序説」を執筆し、小冊子として刊行している。『自然哲学体系草案への序説』（一七九九年）である。当『草案序説』は内容的に彼の自然哲学の精髄を凝縮させて叙述しているばかりか、その叙述も分量的に息子（K. F. A. Schelling）編の全集（Sämmtliche Werke）の頁数にして五十五頁と手頃で、他の内容的に晦渋で分量的にも長大な自然哲学的諸著作とはこの点で大いに異なっているからである[63]。とはいうものの、当『草案序説』はある根本的な立場に関して転換点に位置しており、これをシェリング自然哲学の代表的で要約的な著作とすると、この点で微妙な問題が生じてしまう。シェリングの自然哲学を理解するためには、結局のところ、どれであれ一つの著作を代表作とするのは無理ということになろう。

すでに見たとおり、一七九五年時点（二月四日付ヘーゲル宛書簡）で、シェリングは対立する二つの哲学、批判哲学と独断哲学、それぞれの最高の帰結がカント説とスピノザ説に行き着くこと、かつ「すべての哲学の初めにして終わりは自由である」がゆえに、彼は全哲学の最高原理として「絶対自我」の立場、すなわちカント説を体系的に基礎づけ直したフィヒテの立場に立つことを宣言していた。しかしながら、ここでの彼の立場表明は同時に彼が「スピノザ主義者」となったこととの宣言とともになされていた。そもそもここでの立場表明はきわめて両義的なものであった。かしこで端的に顕わになっていた両義性が、ここ『草案序説』で再現されることになる。ここで、シェリングは、超越論哲学と自然哲学という二つの学についてコメントして、一方で、両学が対をなすばかりか、「課題の方向によってのみ区別される単一の学」だと見なしうるとしながら（§1: III, 272）、他方で、両学が区別されるのは「自然哲学が自然を……自立的なものと設定することによってである」とし、このようなものとしての自然哲学を「自然学のスピノザ主義」と命名してもいる（§2: III, 273）。一八〇一年の『概念』論文では、両学のうち自然哲学に優勢性を与えることになり（IV, 92）、同一哲学の成立を告げる同年の『叙述』では、意識の立場（フィヒテの立場）を離れて、スピノザの体系に範を採った哲学体系を構築することになるから、フィヒテの立場との関連の問題としては、『草案序説』の立場は、フィヒテからの離反とスピノザへの接近への移行的な立場に立っていると見なすことができるであろう(64)。

『草案序説』における自然哲学を特徴づける中心概念の一つは「産出性 Produktivität」の概念なのだが、ここにも両義性が認められる。この概念は、フィヒテ知識学における自我の根本規定である「純粋活動性」を引き継いだ『第一草案』における「無制約者」の概念と関連づけられている。当『草案序説』でも「学問が無制約者から出発しなければならない」こと、また自然哲学が「自然学の無制約者に関する探究である」ことが復唱され（III, 283）、そうした上で、個別的な存在が「無制約者」としての「産出的活動の特定の限定」にほかならないとされる（ebd.）。「したがって」――とシェリングは要言する――「自然学にとっては、自然は根源的に産出性にほかならず、自然の原理たる産出性から学問は出発しなければならない」（ebd.）と。個々の自然物つまり産出されたもの、所産と、これを産出する自然の産出性、能産との関係を、シェリングはスピノザに倣って、一方を「natura naturata 所産的自然」、他方を「natura naturans 能産的自然」と名づけ、それぞれをまた「客体としての自然」および「主体としての自然」とも呼んでいる（§6：III, 284）。スピノザの哲学体系『エチカ』においては、自己原因（神）たる能産的自然にあっては、その本性上「無限に多くのものが無限に多様に生じざるをえない」（E I, 16）[65]。これこそ必然的能産性にほかならない。周知のとおり、スピノザの神は「一切の内在因であって、超越因ではない」（E I, 18）のだから、原因（神）と結果（個物）との関係は創造ではなく、生成であり、個物は「神の属性を一定の仕方で表現する様態」（E I, 25 Schol.）にほかならない[66]。シェリングは、スピノザに似て、両者の関係を、「自ずと原因と同時に結果とが全体の二重性において再び同一である全体」と見なしており、それゆえ、「概念は、直接、所産に移行する」としている（§6：III, 284）。

興味深いことに、シェリングは両者の関係を、理論と経験との関係、言い換えると「思弁的自然学」と「実験」との関係としても捉えている。当時においてもすでに「実験」の重要性およびそれに基づく経験科学の威力は認められており、シェリングもこうした当時の科学の趨勢を前にしながら、自然哲学を構築していたのであり、この試みは、彼にとっては、当時の単なる経験科学（現代の科学にもそのまま通ずる）に対する根底からの批判を意味した。思弁的自然学の立場からすれば、有機的全体としての自然が部分に先在しているはずで、「全体が部分に由来しうるのではなく、部分が全体に由来せねばならないであろう」（§4：III, 279）。「それゆえ、思弁的自然学（真の実験の魂）がかねてより自然におけるあらゆる偉大な発見の母だったのである」（§4：III, 280）。ここに「思弁的自然学 speculative Physik」とは、スイス・ジュネーヴ学派を代表する自然学者ルサージュの用語であり、これは実験に汲々とする当時の自然学に自由に飛翔する翼を与えるものだったが、シェリングはルサージュのこうした自然学を、「それによって、長い学的眠りの後に自然学における思弁的精神が目覚ませられた」（§3：III, 274）と最大級の関心を寄せ、自らの自然哲学をこの名で呼んだばかりか、後にはこの名をタイトルとする雑誌（『思弁的自然学雑誌』）を編集し刊行しさえしている（一八〇〇―〇一年）。『考案』（第二部第三章）では、ルサージュを機械論的自然学として批判し、カントの根源力を用いた力動的解明の観点を取り入れるべきことを主張していたから、これはルサージュ自然学に対する評価の根本的な転換を意味する。(67) 一方で『第一草案』以降（すなわち『草案序説』『体系』『一般的演繹』）、シェリングは、カントの根源力を用いた物質構成論を逆に機械論的と批判し続けており、このように、ルサージュ、カント双方に対する評価が逆転している。

4　自然哲学その後

⑬『超越論的観念論の体系』（一八〇〇年）

主要著作と言える著作の少ないシェリングの諸著作のなかで、しばしば主要著作の一つに数えられる体系的著作である。だがこのために、この著作が先の著作『第一草案』における自然哲学体系と対をなすものであることが忘れられるきらいがある。『草案序説』の次の一節が明言するように、両者は対をなすばかりか、一つのものでもあった。「超越論哲学の課題が実在を観念に従属させることだとすれば、これに対して、自然哲学の課題は観念を実在から説明することである。したがって、両学は課題の方向によってのみ区別される単一の学である」（§3：III，272）。

『体系』はこのように「実在を観念に従属させる」体系として、人間知の超越論的基礎づけ、「自己意識の歴史」の叙述という、かねてよりの課題を体系的に解き明かしたものである。そのなかに法論を含み、また芸術を最高の位置に据え、これによって理論哲学と実践哲学とを統一しようとしていること、あるいは古代思想との関連で言えば、「精神のオデュッセイア」すなわち学の幼年時代に詩によって生まれ育った哲学や諸学が詩という大洋に還流すべきことが、観念論体系の結論として述べられること(68)（III，629）などなど、そこには興味尽きない話題、問題が満載されている。ただここでは、自然哲学に関連した次の一節を引用しておこう。これはこれまで何度も見てきた、自然と精神との同一性のテーゼの『体系』での定式化である。

最も重要な問いは、いかにしていったい同一の主体のうちで方向を異にする活動が合一されうるか、ということである。……いまや両力の関係は産出の彼岸における客体的活動と主体的活動との関係に同じである。限界内に制限されている活動と限界を超えて無限に進む活動が産出的直観の構成要素にほかならないように、共通の限界によって阻止されている斥力と引力も物質構成のための構成要素にほかならない。だが、それは構成するものそのものではない。

構成するものは第三の力にほかならないであろう。これは、両力を総合する力であり、直観における自我という総合的活動に対応している。絶対的に相互に対立しているものとしての両活動がいかにして同じ同一の主体のうちに措定されえたかということは、この第三の総合的活動によってのみ理解できた。（III, 443f.）

引用文の二つ目のパラグラフに登場する「第三の力」は、引力と斥力という対立する両力のみから物質を構成しようとしたカントの試みを批判し、シェリング独自の物質構成の企てを担う中心概念の一つにほかならなかった。(69) ただここでさらに特筆しておくべき点は、これがプラトンの思想に由来する概念だということである。繰り返しになるが再度記すとすれば、プラトンは『ピレボス』（23c-30e）において『ティマイオス』に通ずる宇宙発生論を展開していた。それによれば、宇宙は知性が原因となって生成する。すなわち、「nous もしくは demiurgos としての知性」が「原因 aitia」となって、第一の存在たる「無限 apeiron」に第二の存在たる「限定 peras」が加えられることで両者に「共通のもの koinon」が形成される。そうして『ティマイオス』（31c）では、異質な二つのものを結び合わせる第三者としての「絆・紐帯 desmos」の不可欠なことが強調される。シェリングは『ティマイオス注釈』（一七九四年）においてプラトンのこのような思想に注目していたばかりでなく、プラトンの三カテゴリー（「無限」「限定」「共通」）を、『哲学一般の形式の可能性について』（同年）では、フィヒテ知識学の三原理に重ね合わせ（I, 101）、さらには『概観』の第一論文（一七九七年）では、空間と時間および「第三の共通者」の概念に重ね合わせてもいた（I, 356f.）。こうした様々な試みの後、シェリングは、プラトン的カテゴリーをまずは『第一草案』において彼独自の物質構成の中心概念の一つとして用い（III, 264）、その意義を、ここ『体系』における自らの自然哲学の基礎理論（物質の演繹論）の叙述で先の引用文にあるように強調したのであった。

ここでの記述を詳論したもの、それが論文『力動過程の一般的演繹』である。

三　シェリングの自然哲学体系——物質の構成

⑭『力動過程の一般的演繹』（一八〇〇年）

『体系』の「物質の演繹」で述べられていたのと同様、論文『一般的演繹』でも、物質の構成こそが自然哲学の課題だとされている（「自然学の唯一の課題は物質を構成することである」（§1 : IV, 3）。シェリング自身が編集した雑誌『思弁的自然学雑誌』[70]に二回（第一巻第一—二冊）にわたって掲載された『一般的演繹』の叙述は、物質構成論としての自然哲学の基礎理論の整理されたものとなっており、『わが哲学体系の叙述』（一八〇一年）の同一性体系における自然哲学体系の叙述の準備ともなっている。これまでシェリングの自然哲学体系の内容には立ち入らずに来た。そこでいよいよこれに踏み込むことにしよう。

シェリング自然哲学の体系構想の一つは、カントが『自然科学の形而上学的原理』の「動力学総注」（IV, 523ff.）で提示した引力と斥力という対立力の比の相違から物質の種差を演繹するという構想に立脚するものであった。だが、体系の根本原理においても、推進原理においても、シェリングの自然哲学はカントのそれとは根本的に異なっていた。『一般的演繹』の叙述は、そのサブタイトルを用いて言えば、シェリング流「自然学のカテゴリーの演繹」を目指したものにほかならなかった。シェリングの自然哲学体系の出発点は、「一個同一の同一的主体、自然における」「絶対的合一」(§§6-7:IV, 6)、「絶対的同一性から、自然が最初の二分化によって引き裂かれる」(§7:IV, 7)ことにあった。カントが動力学においてそれ以上遡ることのできない「根源力 Grundkräfte」と見なした斥力と引力とは、このような「二分化」の結果でしかない。シェリングにあっては、このような対立する両力が合一される点すなわち「ゼロ点」が存在する。「自然概念のうちにわれわれが考える対立する活動のかの絶対的合一に思弁が達する時、われわれが有する客体は、絶対的同一以外にはありえない。それは、直観に対して単なるゼロあるいは実在性の絶対的欠如によって指示されている」(§7:IV, 6)。この発言から直ちに想像できるとおり、シェリングによる「自然学のカテゴリーの演繹」は根本的には形而上学的なものとなっていた。彼はこの点、次のようにわれわれの注意を喚起している。「この区別〔物質構成における区別〕は思弁のためにのみなされる。自然学がかの諸契機を現実に時間のうちに辿ると見なしてはならない。諸契機は力動的に(dynamisch)、より明瞭に見れば、形而上学的に(metaphysisch)自然のうちに根拠づけられている」(§30:IV, 25)。このような『一般的演繹』での形而上学的解明において、対立が合一される「ゼロ点」は、エッシェンマイアー『自然形而上学』(一七九七年)における potenzlos の概念に相当するものだが[71]、シェリングはこれを「絶対的同一性」(§7:IV, 6)とも「無差別点」(§11:IV, 10)とも呼んでおり、『一般的演繹』の最初の数節の所論は、用語の上からも発想の上からも、翌年の『叙述』での同一性体系の根本構想の先取りとなっている。

(1)さて、このような「ゼロ点」は、自然学的には、対立する活動が均衡する点にほかならず、自然界には、このようなあり方の典型が見出される。磁石である（§13: IV, 10）。これは図示すれば上のようなものである[72]（§16: IV, 12）。

＋	0	−
A	C	B

これは、数学的には一つの線を示すものであるから、線の構成を意味していることになるが、自然学的には「磁気」の図示として、対立と合一とを指示していることになる。とりわけ、この図において線分の両端（AおよびB）は「両極性 Polarität」を示している（先行する自然哲学的著作『世界霊』では、特にこの概念が重視され、自然の様々な現象の説明原理の一つとされていた）[73]。(2)次いで、幾何学上の第二次元、面は、直線が二つに分かれ、角度を得た時に成立し、これは自然学的には「電気」になぞらえられる。なぜなら、電気は力としては、磁気のような浸透力ではなく、物質の表面に作用する表面力だからである（ここでは、ブルクマン、ベルヌーイ、クーロン、エアクスレーベンの名が挙げられている）[74]。以上、第一九節から第二九節（IV, 14-25）で詳論される。(3)その上で、次の課題が立てられる。すなわち、「いかにして、両力が力動的に分離されうると同時に直観に対して同一的に措定されうるか」（§34: IV, 30）と。ところで、この課題の解決は、「力の産出が共通の第三の産出のうちに表現されることによってのみ可能になる」。そうして、この共通のものは「産物が現に相互に浸透することによって成立する」。これが「立体」にほかならない（§34: IV, 31）。「立体」の成立において、われわれはすでに化学過程の領域に入っている。けだし、シェリングによれば、この「相互浸透」の過程

こそ「化学過程」にほかならないからである（§ 41 : IV, 44)。

『一般的演繹』のこれまでの体系的叙述において、その構成契機として磁気、電気、化学過程という三つがこれで出揃ったことになる。幾何学的には、これらは線→面→立体という第一から第三の次元までの構成を意味したが、自然学的な力の概念としては、浸透力→表面力→浸透力へと転換してきたことを意味している。シェリングの自然哲学体系における自然学的なそれぞれのカテゴリー間の関係は、カントのように「分析的な analytisch」論理関係としてではなく、「発生的な genetisch」移行関係として捉えられる(75)。シェリング曰く。「磁気が表面力になることによって直ちに電気に移行するように、電気が表面力から浸透力になることによって直ちに化学的力に移行する」（§ 45 : IV, 48)。ただし、この「移行」は単に変化や転換という意味に留まらず、高次の「ポテンツ Potenz」において低次の「ポテンツ」における構造が再現するという意味をも含んでおり、「ポテンツを高める Potenzierung」というあり方が、『第一草案』『草案序説』そうして特に『一般的演繹』以降、同一性体系においても踏襲されるシェリングの自然哲学体系構成法の核となる(76)。これがシェリング流の自然学的カテゴリーの演繹なのである。たとえば、化学過程における浸透力は、このような体系構成法に従って、物質の構成力として「第二ポテンツの重力」（§ 42 : IV, 45）という意義を有しているということになる。ここに「重力」とは、斥力に対する対立力としての引力とは異なって、これら対立力を合一する「第三の力」としての「総合力もしくは構成力」にほかならない（§ 39 : IV, 38)。ここ『一般的演繹』では復唱されないが、この独特の力の概念は、『ティマイオス注釈』以来の古代哲学的発想、プラトンの絆の思想に由来するものであった。また、このような構成力が「重力」と呼ばれるのは、それが物質を重くする力だからであり、この命名はバーダーに倣ったものでもあった。[77]なお、対立力としての引力と斥力およびこれらを合一する構成力としての重力が作用する過程が物質構成の最も基礎的な過程にほかならず、したがってこれが第一のポテンツをなす。前記のように、物質の構成力としての化学過程が「第二ポテンツの重力」と特徴づけられたのは、このことと関係していた。

ともあれ、このような構成力としての重力は、さらに「光あるいは光の力」とも関係づけられる。そうしてここでも「ポテンツ」概念が活かされる。すなわち、電気現象においても光の現象は認められるが、それは「引力の随伴現象」にすぎず、「燃焼過程」におけるものではない。後者は「第二ポテンツの産出による」もの、「より高次の力動過程による」ものなのである（§§ 44-45 : IV, 47-49）。光と重さとは、『第一草案』（III, 136）や『草案序説』（III, 318）においてすでに自然の基礎的な（後者では特に能産的な）対をなす二原理として捉えられていた。[78]これらは同一性体系（『叙述』）以降では、同一原理のもとでの対概念として扱われる。たとえば、「光は自然の内的直観であり、重さは自然の外的直観である」（『叙述』§ 62 : V, 47）、「重さは有限性、事物の非対自存在の原理であり、……これに対し、光は事物の対自存在の原理である」「自然の本質は光と重さの絶対的同一性である」（一八〇四年のいわゆるヴュルツブルク体系 § 107 : VI, 267 ; § 192 : VI, 379）というように。

光の概念に目を向けて後、叙述は『一般的演繹』の後半部に移行し、第四七節以降、「凝集 Cohäsion」の概念を機軸とする「質の区別の構成の一般的原理」の考察が試みられる。『一般的演繹』の主要課題である「物質を構成すること」(§1:IV, 3)は、より具体的には、「物質の質の区別を構成すること」(§55:IV, 64)を意味しており、「凝集」概念は、この課題を解決するための鍵概念にほかならない。このような質の構成においても、光さらには熱あるいは酸素や水素といった諸概念とともに、第五節から第四五節で叙述された磁気、電気、化学過程という三機能、「自然学の一般的カテゴリー」(§4:IV, 4)と「ポテンツ(勢位)」の概念はなお中心的役割を果たし続ける。けだし、「諸々の質」もしくは「第二ポテンツの諸性質」とシェリングが呼ぶ「物質の特殊な諸規定」は、「その根拠を諸物体と、かの三機能との種々の関係のうちにもつ」からである(§47:IV, 51)。「凝集」は例の三機能同様、「第二ポテンツ」に位置づけられ、それらと関係づけられる。

(1)まずは、磁気から。「物体の凝集は……長さのポテンツの高められた過程すなわち磁気によって規定される」(§48:IV, 52)。周知のとおり、凝集の本質規定は物質の「形態化 Gestaltung」にあり、熱の本質規定は凝集のそれとの関連では、物質の「解体 Entstaltung」にある。つまり両者は対立概念であり、「熱と凝集とは相互に制約し合う」(§49:IV, 53)のである。すなわち「光が熱となるのは、その作用によって目覚ませられた凝集という過程に反作用することによってである。……凝集が凝集であるのはそれが光の作用によって目覚ませられた解体の過程に対立することによってのみである」(ebd.)。シェリングは凝集の過程を磁気と規定したことに関連づけて、熱を「非磁気(Unmagnetismus)の原理」と特徴づけている(ebd.)。ここでの特徴づけは、われわれにはさほど意義のあるものに見えはしないが、諸概念のネットワークを張りめぐらせて、諸概念間の関連をつけてゆくというのが、シェリング流のカテゴリーの演繹、自然哲学体系構築の試みであり、時にこのような試みも大きな効力を発揮することがありうる。

(2)しかも、電磁気学や電気化学の成立に対してシェリング自然哲学が何がしかの寄与を行ったことは、その格好の例であろう。たとえばカッシーラーは、シェリングによる電気現象への注目が「物質の電気力学的概念」形成の準備となったことを強調しているし、[79] あるいはエンゲルハルトは、後年エールステッドが電気と化学とを結合しようとした際、直接シェリングの示唆に従っていたことを指摘している。[80] ともあれ、電気と磁気との関連づけに関して言えば、それには実例すら存在した。シェリングはそれを「電気石 Tumalin」のうちに見出している。「この珍しい石、これは磁気から電気への移行を示しており、ただ温めるだけで、すなわちその凝集の単なる変化によって瞬時に両極性を獲得する」(§50 : IV, 55)と。むろんシェリングは他人の説への目配りも怠っておらず、時代の科学の諸成果をふんだんに取り込むという点も、彼の自然哲学の目立った特質である。シェリングは電気石との関連ではフランスの自然学者デュフェ(Ch.Fr. de C.Dufay, 1698-1739)の実験[81]を紹介しているし、あるいは色彩の問題に関してはむろんゲーテの説(Goethe, *Beiträge zur Optik*, §55)に注目し、「プリズムにおける色彩の構成を、その基体が磁気たる凝集過程と完全に同等視」(§52 : IV, 59)しようとしている。

(3)第二ポテンツの最後の契機、化学過程は、形態化の消失、「一言で言えば流体」がその根本特徴をなす。すなわち、それは「凝集の完全な廃棄」にほかならない(§54 : IV, 63)。シェリングが当時すでに発見されていた「酸素」に注目し、[82] これを「あらゆる化学的親和性の媒質」(§56 : IV, 65)と解し、陰電気と関連づけている。「水素」はこの反対の作用を及ぼすために、こちらは陽電気と関連づけられ、また両者は、「ポテンツを高められた引力と斥力」とも解釈される（§56 : IV, 67）。ここでも、対立力の相互作用によって物質の構成を試みるという根本構想が高次のポテンツにおいて展開されている。

先に「諸概念のネットワークを張りめぐらせて、諸概念間の関連をつけていくというのが、シェリング流のカテゴリーの演繹、自然哲学体系構築の試み」だと指摘し、さらに、「時にこのような試みも大きな効力を発揮することがありうる」とも指摘し、その具体例として電磁気学の形成においてシェリング自然哲学が当時実際に有益な役割を果たしたことを指摘しておいた。これは異なった領域、分野を結合させた例である。これとは逆に自然界そのもののなかに概念的には異なっているにもかかわらず異領域にわたると見なしうるかもしれない特異な形態も存在しており、それがたとえば「電気石」であったが、当時多くの耳目を集めていたのが、いわゆる「動物電気 Tierische Elektrizität」であった。これはイタリアのガルヴァーニが一七八一、八六、九四年の三回にわたって行った実験——動物（蛙が用いられた）の筋肉の収縮と電気の作用との間に関係を認める実験（一回目は偶然）に由来するもので、このため「ガルヴァニスムス Galvanismus」とも呼ばれた(83)。非有機体の作用が有機体に反応を起こさせる（電流による刺激が蛙の筋肉を収縮、痙攣させる）「動物電気」「ガルヴァニスムス」は、非有機体と有機体との間に何らかの関係があるのではないか、またそれが動物の体内に電気が宿っているためではないか、ということを人々に予想させるものであっただけに、人々の耳目を集めることになった。これは、時期的にも、内容的にも、むろんシェリングによっても注目され、彼の最初の自然哲学的著作『考案』（一七九七年）でも言及され、普遍的有機体論を一つの主要テーマとした次作『世界霊』（一七九八年）でも論じられたのはもちろんのこと、とりわけ『草案序説』（一七七九年）では、リッター説[84]に倣いつつ、ガルヴァニスムスの根本図式を「三肢性 Triplizität」と見なし、それによってガルヴァーニ過程を化学過程を超える高次のポテンツに位置づけている。これが「化学過程には欠けている第三のもの」にほかならないからである（III, 323）。『一般的演繹』におけるガルヴァニスムスの扱いもこれに同じである。シェリングはそこにあらゆる過程の普遍的表現を見る。すなわち「諸力の三肢性 Triplizitä der Kräfte」これである。磁石と電気とはそれぞれなお「線の図式」「角の図式」に留まるが、ガルヴァニスムスは「三角形の図式」だというわけである（§59 : IV, 72-73）ただ『一般的演繹』での非有機体論における根本機能である三機能は、あくまで磁石、電気、化学過程であり、ガルヴァニスムスは化学過程の高次のポテンツとされながらも、体系的には化学過程の内部に位置づけられるほかなかった。

『一般的演繹』に先立つ自然哲学的著作『世界霊』や『第一草案』では主題として大きく扱われていた有機体論は、『一般的演繹』では主題とされず、わずかに最後の数節で言及されるに留まっている。そこでの指摘の核心は、有機体の三機能すなわち「感受性 Sesibilität」「刺激性 Irritabilität」「形成衝動 Bildungstrieb」が、それぞれ、非有機体の三機能すなわち磁気、電気、化学過程のポテンツの高まったものだ、という点にあった。たとえば、感受性とは「有機的磁気」だというわけである（§60 : IV, 74）。これら三機能は、それらが初めて論じられた『世界霊』の説明では、「生命の秘密を解き明かす」（II, 560）ものにほかならなかった。これらのうち感受性と刺激性とは対立概念であり、「一方が上昇すると他方が下降し、またその逆でもある」。「これらの全機能は同一の力の分肢にほかならない」。そうしてこの根源的な同一の力が生命体としての有機体の根本原理なのである。「最深の段階で、この原理は、われわれがあらゆる有機体の原理として前提しなければならない普遍的な形成衝動のうちに開示される」[85](II, 565)。ともあれ、シェリングは『一般的演繹』では、非有機体と有機体の三機能の関係について次のように語っている。

自然は非有機的世界においては、質によって区別される産物の全多様を、磁気、電気、化学過程の種々の比における単純な混合によって産出する。有機的世界においても、自然は感受性、刺激性、形成衝動というかの三機能を絶えず反復し、産物の全相違はそこではかの諸機能の比の変化のみによって成立する。(§62 : IV, 75)

以上、『一般的演繹』における物質の構成のあり方、様子を概観してみた。当論文には結びの節があり(六三節 IV, 75-78)、それが、自然哲学(実在論)と超越論哲学(観念論)との関係に関する総説となっており、これはちょうど、本章の冒頭に掲げたシェリング自然哲学の根本テーゼのシェリング自身によるパラフレーズになっている。いくつか引用しよう。

自然学にとっての力動的なものは哲学にとっての超越論的なものである。……すべての力動的な運動は、その究極の根拠を自然の主体そのものすなわち諸力のうちにもっている。諸力の組み立てが、見える世界である。

自然哲学は同時に観念論の自然学的説明を与える。……人間は観念論者である。哲学者の目から見てばかりでなく、自然そのものの目から見ても。

哲学のなかで懐疑に陥り、根底を洞察しないすべての人々に呼びかけたい。自然学に来たれ、真なるものを認識させよう！

周知のとおり、理性の超越論的記憶は見える事物によって蘇らされなければならない。全哲学は想起だというプラトンの考えはこの意味で真である。哲学することのすべては、われわれがかつて自然とともにあった状態を想起することのうちにある。

すべての質は感覚であり、すべての物体は直観である。——自然そのものは、あらゆる感覚と直観とともに、言わば凍れる知性である。

自己意識の完全な歴史を観念的観点から前提することなしには私は何もなしえなかった。

四　シェリング自然哲学のアクテュアリティ――自然の殺戮に抗して

⑮『自然哲学の真の概念について』(一八〇一年)

若きシェリングの思索は、最初は論文として、次いで著書として公表された。弱冠二十三歳(一七九八年)でイェーナ大学に招聘されて後は、講義によるそれが加わったばかりでなく、論文でも自身を編者とする雑誌掲載のものとしても公にされることになった。『思弁的自然学雑誌』および『哲学批評雑誌』においてである(後者は一八〇一年のヘーゲル招聘後の両者の共同作業)。同一哲学の確立として彼の思索の節目を画する『わが哲学体系の叙述』も前者の第二巻第二冊(一八〇一年)に掲載されたものであり、本章最後の節で紹介した『一般的演繹』も同誌第一巻第一冊と第二冊に分載されたものであった。むろん当誌には本人のものだけでなく、シュテフェンスやエッシェンマイヤー等の論文も掲載された。たとえば彼らのうちエッシェンマイヤーはすでに言及したとおり、自然哲学体系を構築するためにその方法としてポテンツ論を用いた最初の人であり(『自然形而上学』一七九七年)、シェリングが『一般的演繹』でポテンツ論を用いたのも、すでに指摘したとおり、エッシェンマイヤーの試みに倣ったものにほかならなかった。もっともその用い方は彼のそれとは異なっていることを『思弁的自然学雑誌』第二巻第一冊(一八〇一年)掲載論文『自然哲学の真の概念について』で強調している(86)。この論文は、同冊巻頭に掲載したエッシェンマイヤーの論文『自発性＝世界霊――自然哲学の最高原理』が『第一草案』で公表したシェリングの自然哲学体系を批判していることに対して、反批判を行ったものであった。両者の主要な対立は、自然哲学体系のための基礎論に当たる物質構成論において、両者がともに物質の種差を根源的な対立力（斥力と引力）の力比の種差に基づける際、低次の段階から高次の段階へ移行させるそのさせ方を、量的と見なすか、それとも質的に見なすかという点にあった。前者がエッシェンマイヤーの立場であり、後者がシェリングの立場である。エッシェンマイヤーがポテンツ論によって自然哲学の体系化を物質の度合の連続的量的な漸進的移行（無限小から無限大への移行）として数学的に処理できる点に重きを置いたのに対して、シェリングのほうは物質の質の構成を重んじ、そのためにポテンツの冪乗の性格を活用しようとしたのだった。彼は言う。「私は物質の質的規定を比重が定義される両力の比〔エッシェンマイヤー〕とは別の比から構成しようとする」と（IV, 95）。同一哲学が確立された『叙述』のなかでの自然哲学体系が、『一般的演繹』におけるそれに似たポテンツ論を活用した体系となっているだけに、同一哲学の自然哲学体系を理解し評価するためにも、両者の相違は重要である。ことポテンツ論に関連するかぎりで、『一般的演繹』と『概念』の所説はともに同一哲学における自然哲学への移行期を画するものと見なしてよかろう。ただ、『概念』論文で注目すべき点は他にもあって、それは『草案序説』で特筆されていた超越論哲学と自然哲学との並行論が退けられて、自然哲学の根源性、優先性が強調される点である。(87)

いったい両者〔超越論哲学と自然哲学〕のどちらに優先性が与えられるであろうか。疑いなく自然哲学にである。この哲学が初めて観念論そのものの立場を成立させるからであり、これによって観念論に、より確実で純粋な理論的基礎を創出するからである。(IV, 92)

ここ『概念』論文で、このような主張がなされることになるのは、このことによってシェリングが超越論哲学に根ざしつつ哲学の理論的基礎を構築しようとしたフィヒテ知識学から決定的に袂を分かとうとしたためであり、このことはすでに、フィヒテ説から距離をとってスピノザ説への接近を見せていた『草案序説』で準備されていた。このことは彼自身にとっては「自然学と倫理学への古代的分類に還帰する」ことを意味していた。そうして両者は(『体系』で説かれたように)「第三の部門(詩学もしくは芸術哲学)によって合一された」(ebd.)。芸術哲学が理論哲学と実践哲学との合一するという美的観念論は『体系』での所説を受けたものではあるが、フィヒテ哲学との決別という点で、『概念』論文の立場は、同一哲学に連なっている。

以上において処女作『悪の起源論』から同一哲学成立直前の『概念』論文に至るシェリングの諸著作に関する解説を終える。本章の考察を閉じるにあたって、なおフィヒテとの決別の別の面に眼を向け、シェリング自然哲学のアクテュアリティを強調しておこう。

一七九四年五月から翌年にかけてイェーナ大学において、フィヒテは彼の最初の知識学を講じている。『全知識学の基礎』(一七九四年)としてわれわれが接しているテクストは講義の際に配布された講義原稿である。周知のとおり、彼の最初の知識学の体系は次の三つの原理から構成されていた。

第一原理「自我は根源的端的にそれ自身の存在を措定する」（I, 98）。

第二原理「自我に対して端的に非我が対置される」（I, 104）。

第三原理「自我は自我のなかで可分的な自我に対して可分的な非我を対置する」（I, 110）。

フィヒテは哲学の体系を究極にまで高めた場合には批判主義の体系（カント）と独断論の体系（スピノザ）に行き着くと見なしていた。そうして彼の自己評価によれば、彼の知識学の体系はこれらの両極をさらに踏み越えた望みうる最高の体系にほかならなかった。けだし、第一原理における自己措定（自我＝自我）は、同一律（A＝A）とは異なって「我あり」を含むからである。すなわち自己措定における同一性は単なる形式的同一性ではなく内容的同一性だからである。「自我は自己を措定するがゆえに我あり」（I, 96）。あるいは逆に「我あるがゆえに、自我は端的に自己を措定する」（I, 97）。このように第一原理の樹立によって自我存在（sum, ergo sum）に到達したフィヒテにとって、デカルトであれカントであれ、さらにはカントの批判主義を体系的に基礎づけ直そうとしたラインホールトですら、存在の本質を捉え損なっていると言わざるをえなかった。デカルト、カントの思考作用であれ、ラインホールトの表象作用であれ、いずれも存在の本質ではなく、「存在の特殊規定」にすぎなかったからである（I, 100）。フィヒテはこうした意識と表象の哲学を自身の知識学の自我原理の手前に踏み留まるものと見なす一方で、スピノザの実体哲学に対して、自我原理を踏み越えてしまったものという判定を下している。「われわれの命題〔「我あり」〕を踏み越えてしまったのが、スピノザだった。彼は経験意識を否認するわけではないが、純粋意識を全面的に否認する。……彼にとって、自我……はあるがゆえにあるのではなく、他の或るもの〔実体〕があるがゆえにある[88]」(I, 167)。フィヒテはまた、独断論における事物を「自己のなかに両者すなわち自我と非我（スピノザの知性と延長）を措定する最高の実体」と見なし、このようなものとして「独断論はけっして純粋な絶対的自我にまで高まらない」という判定をも下していた。つまり独断論の究極形態であるスピノザの体系も「われわれの第二原理と第三原理にまでは至るが、端的に無制約な第一原理にまでは至らない」というわけである（I, 122)。

最初の知識学に対するフィヒテ自身による自己評価、自負とは裏腹に、当時様々批評がなされた。超感性的なものを直接感情によって捉えうると見なす「信仰哲学」の立場に立っていたヤコービは、フィヒテを単にカントの体系の完成者、真理を主観化した者と見なし（Brief II, 26ff.)、「ニヒリスムス」と特徴づけてさえいる。こうした批評に対して、フィヒテは自身の体系を「徹頭徹尾、自由の概念の分析だ」(Brief II, 203ff.) と応じている[89]。

ここでシェリングに話を戻せば、シェリングもまた、彼自身の哲学の根本的な立場を自由の立場として宣言していた。すなわち「全哲学の初めにして終わりは——自由である」(I, 177) と。それでは、フィヒテとシェリング、両者は哲学的に同じ立場に立っていたと見なすべきであろうか。フランス革命後のドイツにおいて、自由の哲学を標榜するという点で、両者は共通していたことは間違いない。しかしながら、自然概念、自然哲学の評価をめぐって両者の立場は食い違い、最終的には正反対のものとなる。
フィヒテの自然概念は、知識学の体系においては非我概念に相当するであろうことは誰しも気づくところである。実際フィヒテ自身も、われわれが先に引用した『基礎』の一節で、「非我」を（デカルト二元論を経由した）スピノザの体系における「延長」に比定していた。「非我」は能動を根本規定とする「自我」に対して受動を根本規定とする。われわれは彼の自然概念の根本特徴を見るために、最初の知識学と同時期（一七九四年）の講義『学者の使命』に目を向けることにしよう。そこでは、学者の使命を規定する前提となる人類の使命を、フィヒテは「文化の不断の前進、人類の全素質と欲求とが歩調を合わせて前進する発展」（VI, 335）と規定する。後年（一八〇四年）ベルリンでなされた通俗講義『現代の特徴』では、これは端的に次のように規定される。

人類の地上の生活の目的は、人類が地上の生活においてその全境遇を自由によって理性に一致させることである。（VII, 7）

現代を「理性の時代」として、人類の無垢の段階から浄福の段階へと進む中間段階と位置づけるフィヒテにとって、第一の時代は「理性が本能によって無条件に支配されている時代」（VII, 11）にほかならなかった。彼は『学者の使命』講義では、同様の立場から、「自然状態」を理想化するルソーの思想に反対していた。

ルソーは、人類がこの状態に配慮、努力、労働によってのみ近づくことができるし、近づかなければならないことを忘れている。自然は人間の手が加わらなければ、未熟で野蛮である。もし自然がそういうものだというのなら、人間は非活動的、非能動的な自然状態から出て、自然を加工すべく強いられるであろう。――これによって、人間はまさしく単なる自然の所産から自由で理性的な存在者となるであろう。(VI, 343)

見られるとおり、自然とは、フィヒテにあっては、「未熟で野蛮」でしかなく、「人間の手」によって活性化され加工されるべきものでしかなかった。このようなフィヒテの自然概念の意義をわれわれは二重の観点から次のように特徴づけることができるであろう。一つには、自然は非能動的、非活性的で外的な動因が加わらなければ状態変化を起こさない存在、すなわちデカルト、ガリレオ、ニュートンたちによって定礎された、不活性な物体が慣性法則と因果法則に服する近代科学的な自然世界であり、カントが自然の因果性あるいは自然の機械論と呼んだものである。これは純粋理論的に言えば、純粋な受動性そのもの、すなわちフィヒテが彼の最初の知識学において「非我」と名づけたものにほかならない。また、いま一つには、自然は人間が道具的技術的に手を加えることによって人間生活に役立てる素材であり、フィヒテがすでに『啓示批判』(一七九二年)では、なお抽象的に道徳法則の自然支配、理性による感性的自然の支配として語り(V, 40)、後の講義では(一七九八年の『道徳論の体系』)、具体的に、世界の有用物を「所有物とすることが道徳的に善良な人間の目的である」(IV, 299)と語る、ベーコン＝デカルト的な自然支配の理念に服する自然である(90)。

「近代科学」について語られる場合、しばしばその成立条件として数理主義と機械論との二つが挙げられる。だが、たいていの近代科学論は、もう一つの条件すなわち実用主義を等閑に付している。これは自然の技術的操作、開発の側面だというわけである。しかしながら、私見によれば、この側面は先の二つの条件と並ぶ不可欠の条件であるばかりでなく、とりわけ機械論と結びついて、これを背後から支える役割を果たしているという意味で、より根源的より基本的な条件にほかならない。そうしてまた、これこそむしろ近代自然観の根本特徴を告げ知らせるものなのである。

自然の技術的操作、開発の思想、すなわち実用主義は、キリスト教的な自然支配の理念に基づいている。西欧中世の自然哲学において胚胎されていたこの理念を近代科学形成の不可欠の基盤として活用しようとしたのが、近代哲学の祖の一人フランシス・ベーコンであった。ベーコン哲学の根本理念はかの有名な「知は力なり Scientia est potentia」というテーゼに集約されている。すなわち、われわれの知識、学問は人間生活に役立つものでなければならない、これである。だが、これは彼にあっては、自然に対する人間の支配権、人類の創造の折に神から人間に賦与された当然の権利を行使することにほかならなかった。だが、現状においては、人間の堕罪（失楽園）のためにこれがうまく行使できない状態である。したがって、この権利の行使は、人間の救済同様、原初の回復（楽園回復）、権利の回復を意味する。ベーコンの主著『大革新』の方法の革新を論じた部門『ノウム・オルガヌム』（一六二〇年）の言葉を用いて言えば、人間の自然支配とは、「神の贈与によって人類のものとなっている自然に対する自己の権利を回復する」(I, 223) ことにほかならない[91]。

経験を重んじるベーコンの哲学に対して、理知を重んじるデカルトの哲学は、双方とも近代哲学の先駆けではありながら、正反対の性格を有しているものと見なされており、実際、そのとおりなのだが、哲学史、思想史上のこのような特徴づけとは異なって、いま問題にしている自然支配の理念に関しては、両者は同じ立場に立っている。この点では、デカルトは正真正銘、ベーコンの弟子なのである。たとえば、デカルトは彼の『方法序説』(一六三七年)の第六部のなかで、彼が打ち立てた機械論的自然学による知見を隠すことができないことを告白しているが、そのようなことをすれば、彼は「力のかぎり万人に届く幸福を得させるべしという掟に背く」ことになるであろうからである。彼の弁によれば、われわれはその知見によって「人間生活に役立つ知識に到達でき、また学校で教えられる理論哲学の代わりに実践哲学を見出すことができる」。そうして、この哲学こそ、職人たちの技術的知と同様、物体の力と機能をわれわれに知らしめ、職人の技能を用いるのと同じ仕方で、それらをあるゆる用途のために用いさせ、「こうしてわれわれ自身を自然の主人にして所有者たらしめる[92]」(VI, 61-62)。

一八〇〇年頃のドイツ観念論の時代において、このようなベーコンやデカルトの思想をなぞるわけではないが、内容的に一致した思想を展開したのが、フィヒテにほかならなかった。すでに指摘したとおり、フィヒテの自然概念は、紛れもなくベーコン、デカルト流の自然支配の理念と同等の理念のもとで成立を見た。すでに見たとおり、それは彼の数々の講義や著書のなかに認められるが、たとえば、一八〇五年のエアランゲン講義『学者の本質について』のなかには、端的に「自然支配」の語が用いられ、それが「神的理念」と結びつけられている。フィヒテ曰く。「人類の自由な生活」が「固有の自由によって人類の自由を獲得する」ためには、「自然の諸力が人間の目的に服従させられる必要がある」「このような自然に対する支配は神的理念のうちにあった」のである、と（VI, 369f.）。

　フィヒテは当講義のなかで、神の本質を生命と定義し、人類を現象における生ける現存在、自然を死せる現存在、より端的には、人類の生活のための手段と規定する。「全く自己から自己に基づいて自己によってある唯一の生命が神・絶対者の生命である」（VI, 361）。「神的生命そのものは全く自己のうちに閉じこもった統一であり、そこには変化も転換もない」（VI, 362）。「生命あるものは死せるもののうちではけっして展示されない。けだし、両者は正反対だからであり、存在が生命にほかならないがゆえに、真の本来の現存在も生けるものにほかならず、死せるものは存在もしなければ、語の高次の意味で現存もしないからである。この現象における生ける現存在をわれわれは人類と名づける」（VI, 362）。「これ〔いわゆる自然〕は生けるものではなく、……死せるもの、固定し自己にうちに閉じこもった現存在である」（VI, 363）。「自然はなるほどその根拠を神のうちにも有してはいるが、絶対的に現存し、現存すべきものとしてではなく、他の現存在、人間における生けるものの手段、条件としてのみである」（ebd.）。このような考え方、すなわち神の理念に基づく人間による自然支配、人間生活の手段としての自然という思想の上に立って、フィヒテは、シェリングの自然哲学を「自然を絶対者となし、自然を神化しようとする」哲学と酷評する（VI, 364）。

　このように自身の自然哲学を酷評されたシェリングは黙ってはいられなかった。翌年一八〇六年にフィヒテの『学者の本質』に対して書評を書き、反論する（「反フィヒテ論」『イェーナ一般学芸新聞』）。「自然は人間の諸目的に奉仕するだけでは殺される」「自然が自ら生けるものとしてわれわれに現れるという直観を欠く」とすれば、それは遅かれ早かれ、われわれの「全精神と全感覚の鈍磨・無関心と無生命・死を生み出す」と（VII, 18f.）。シェリングはフィヒテの自然理解のうちに、「主観にうちにあるもの以外のあらゆる自然と生命性に対する正真正銘の嫌悪」（VII, 19）を見ている。想像可能なとおり、この嫌悪はひとりフィヒテのものに留まらず、時代の特徴でもあった[93]。フィヒテは当代を「罪業の完成せる時代」（VII, 12）と特徴づけていた。しかしながら、シェリングにとっては、罪業の本来の原理は「自我性」のうちにこそあった。これを哲学の根本原理にまで高めたのがフィヒテその人にほかならなかった（VII, 26）。これに真っ向から対立して、「哲学は本性上自然哲学」でなければならないと主張したのがシェリングだった。しかもそれは、神について語る哲学ですらあった。

真の哲学は現に存在するもの、すなわち現実的で存在する自然について語らねばならない。神が本性上存在だということは、神が本性上自然だということを意味する。そうしてまたその逆でもある。（VII, 30）

「自我性」に極まる人間中心主義的な自然把握は、フィヒテやシェリングの時代に留まらず、科学技術のめまぐるしい発展のために、現代その度合を加速度的に増しつつある。このような時代にあって、自然哲学にして神学、神学にして自然哲学であるようなシェリングの自然哲学は、はたして無用の長物であろうか。

第二章　シェリング自然哲学の新研究

テューリヒ国際大会（一九七九、八三年）における諸報告を中心に

一八五四年八月、シェリングはスイスのバート・ラーガツにて七九年に及ぶ生涯を閉じている。[1] 没後百年を記念して一九五四年九月、彼の墓所となった同地にてシェリング記念祭が開催されて以来、特にシェリング研究も「シェリング・ルネサンス」と呼ばれる場合もあるほどに盛んになってきている。[2]

周知のとおり、没後百年記念祭は「シェリングの偉大と非運」と題されたヤスパース（Karl Jaspers）の記念講演[3]とともに幕を開け、シュレーター（Manfred Schröter）、フーアマンス（Horst Fuhrmanns）、シュルツ（Walter Schulz）、ツェルトナー（Hermann Zeltner）、ゲルー（Martial Gueroult）などによる報告が行われ、またハイムゼート（Heinz Heimsöth）、クニッターマイヤー（Hinrich Knittermeyer）、メーディクス（Fritz Medicus）などが討論に加わった。ドイツ観念論の完成は本質（Was）を問題にしたヘーゲルの体系によってではなく、実存（Daß）を解明しようとした後期シェリングの積極哲学によってなされたとする、ヴァルター・シュルツのかのテーゼが提起されたのも、この記念祭での報告においてであった。[4] この記念祭における諸研究を含む、この時期（一九五四年）のシェリング研究の動向については、すでに西川富雄による要を得た報告がある。[5] 周知のとおり後期哲学に関する研究は、シュルツの労作出現を機縁として大きな盛り上がりを見せて後の研究に受け継がれているけれども、年を経るとともに研究が多様化し、他の領域においても見るべき成果が現れてきている。近年、シェリング自然哲学の研究が活況を呈し始めているのも、その一つである。以下、記念祭後に開催された二つの国際シェリング大会における諸研究を中心に、近年のシェリング自然哲学研究の動向を探ってみたい。なお、本研究動向紹介は一九八六年に執筆した旧稿である。執筆事情については末尾に述べる。

一　科学論的研究

かのバート・ラーガツでの記念祭の後すでに二つの注目すべき国際シェリング大会がスイスのテューリヒにおいて開催されている。いずれもヘルマン・クリングス（Hermann Krings）およびルドルフ・マイヤー（Rudolf W. Meyer）の呼びかけによる。第一回大会は没後百年記念祭の二十五年後の一九七九年、第二回大会は第一回大会の四年後の一九八三年。(6) 前者では「理性の威力と無力」と題されたヴァルター・シュルツの開会講演（A, 21-33）を皮切りに、自然哲学、歴史哲学、政治哲学の三領域にわたってコロキウムが行われ、後者ではすべてが自然哲学に当てられている。

自然哲学は、実証的な自然科学の興隆以降、時代遅れの骨董品扱いされるのが普通である。しかるに第一回国際シェリング大会は、自然哲学をコロキウムの一つとして設定したばかりか、その報告集も自然哲学の部門から始められている。報告集の編者ハスラー（Ludwig Hasler）も、そのまえがき「シェリングをまじめに受け取る」において、この点が「危険な企て」と見なされかねないと危惧して、この企ての正当性のために弁じている（A, 9-13）。われわれは、シェリングの自然哲学を一旦まじめに受け取る必要がある。科学史的、医学史的知見（通常の哲学史的知見はこの場合用をなさない）を活かして、一八〇〇年頃の自然研究、医学理論に対する認識を深めれば深めるほど、その必要性の自覚は強くなるはずである。シェリングはライプツィヒにおいて一七九六年から一七九八年にかけて数学、自然科学、医学を学び、時代の経験的研究（電気、磁気、化学の新現象）に精通、時代の著名な科学者、医学者たち（シュテフェンス（Steffens）、リッター（Ritter）、エッシェンマイヤー（Eschenmayer）、レシュラウプ（Röschlaub）、オーケン（Oken）、トロクスラー（Troxler）等）の諸成果を積極的に受容することによって後の科学、医学の発展に影響を及ぼした。このことは、少なくとも次の三つの見地から評価するに値する。㈠時代の科学に及ぼしたシェリングの影響、㈡自然哲学の自然科学に対する体系的位置、㈢シェリング自然哲学の今日的意義。

第一の見地はシェリング自然哲学の科学史的意義づけにかかわり、第二の見地はその科学論的意義づけにかかわる。第一の見地にかかわるシェリング自然哲学の科学史的解明ならびに第二の見地にかかわるその科学論的解明は、今後のシェリング自然哲学研究において欠くことのできない重要な探究領域となるように思われる。私事にわたるけれども、筆者自身これまで、昨今目覚ましい成果を挙げている科学史および科学論における諸労作を意識しつつドイツ自然哲学の研究を行ってきた。それは単に流行を追おうとするためではなく、通常は顧みられることのないドイツ自然哲学を正当に評価するには、それに対する科学史的、科学論的解明が不可欠だと考えたためであり、また、とかくジャーゴンによる自家中毒に陥りがちなドイツ観念論研究、自然哲学研究を他の研究領域と対話可能な状態にするにも、それらの知見を活かした議論を行う必要があると判断したためである。

前記の一九七九年九月における第一回国際シェリング大会の報告者の一人ポーザー（Hans Poser）も、たとえば、シェリング自然哲学が掲げる要求を正当化するためには科学史的ならびに科学論的解明が必要であることを強調している。彼の強調するところによれば、自然哲学において将来の経験科学的探究に対して道案内を果たそうというシェリングの要求を正当化するには次の二つのことが必要である。「一つには、シェリング自然哲学を一八〇〇年頃の自然科学の地平に位置づけること、いま一つには今日の科学論的見地から見て興味深い問い、経験とアプリオリな原理は協同しうるかどうか、またいかに協同しうるかどうかを解明することである」(A, 129)。ポーザーはその報告「思弁的自然学と経験」において、第二の問いに答えようとしている。彼はシェリングの諸々のテクストから[7]、それらに含まれている今日の科学論的見地から見ても興味をそそられる数々の言明を引き合いに出しながら、シェリングの自然哲学における自然探究上の実験の位置づけや経験と理論の関係の捉え方などを明らかにしている。ポーザーによれば、シェリングは実験の理論依存性をよく洞察している。理論は、シェリングにとって、ポパー(Karl Popper)の「サーチライトモデル」の意味における実験の「必然的相関物」(V, 323)である。シェリングが言うには、「正しい理論をもたない者は正しい経験をもてない……事実それ自体は何者でもない」(IV, 532)。ポーザーは、シェリングによるこのような実験に対する理論主導性の主張が、シェリング自身も主張する次のような二つのテーゼを帰結にもつと見なし、前者のうちにクーン(Thomas S. Kuhn)のパラダイム・チェンジの考えの先駆を見ている。㈠実験は理論を真として証明できない(われわれはその際理由づけの循環に陥るから)、㈡実験を導く理論の真理保証はこの理論自身アプリオリに求められねばならないのと同様アプリオリに求められねばならない(A, 131f.)。シェリングによれば「理性が自然に法則を与える」(III, 17)。経験が理論、法則、原理に矛盾する場合、これは中間項、方法あるいは方法の適用のせいであって、けっして理性のせいではない（A, 135f.）。

ここにその要点のみを紹介したポーザーの報告は、これまで類例を見ないまとまった形での、シェリング自然哲学の科学論的解明として、この領域での先駆的業績と見なしてよいだろう。このような科学論的解明と並んで今日的に重要な科学史的解明については、中ほどで（第三節）紹介するとして、次に（第二節）ハスラーの指摘する第三の見地にかかわる問題を見ることにしよう。ハスラーの第三の見地とは、既述のとおり、シェリング自然哲学の今日的意義であったが、これは彼によれば、シェリングの自然解釈、自然と精神の統一的把握の問題とかかわる。この問題こそ、これまでも繰り返し哲学史的脈絡のなかで論究されてきたシェリング自然哲学の中心問題であることは言うまでもない。この問題については後に（第四節）考察するとして、いまはまず、シェリング自然哲学の今日的意義を現代科学の水準との関連から明らかにしようとした試みに目を向けることにしよう。

二　現代科学的研究

シェリング自然哲学の現代科学との関連ということで言えば、第一回大会においてすでにシェリング比重論の近代化学における周期律表との関連についての指摘を含むレーヴ（Reinhard Löw）の報告「質論と物質構成」（A, 99-106）、また、シェリングの同一哲学をユングの深層心理学と比較したウスラー（Detlev v. Uslar）の報告「深層心理学と心理療法に対するシェリングの今日的意義」（A, 136-166）が見られるが、第二回大会の三部門（「Ⅰ　当時の自然科学のシェリングによる受容」、「Ⅱ　シェリングの『思弁的自然学』の着想とドイツ観念論の歴史におけるその意義」、「Ⅲ　今日的観点から見たシェリング自然科学」）のうち第三部門がこの問題の解明に当てられている。この問題の解明においてもやはり科学論的ならびに科学史的解明は不可欠であって、たとえばシェリングの自然哲学、思弁的自然学の理念と現代の量子力学の認識論を比較したカニッツシャイダー（Bernulf Kanitscheider）の報告「自然哲学の『思弁的自然学』および現代宇宙論における観念論的認識論の若干の諸要素について」（B, 239-263）も、ワトキンス（John Watkins）、ポパーからクーンに至る現代科学論の推移を顧慮した上で、個別科学の発見（科学）が質的世界像（哲学）に導かれてなされる好例として、自然諸力の統一的把握というシェリングの自然哲学的理念に導かれてなされたエールステッド（Hans Christian Oersted）による電磁気の発見を挙げ、マクスウェル（James Clerk Maxwell）の電気力学に至る後の科学の発展を跡づけている。

カニットシャイダーの報告と同じ部門に属するヘックマン（Reinhard Heckmann）の報告「自然―精神―同一性」（B, 291-344）は、自然哲学と進展論（Evolutionstheorie）[8]とが、相互補完的であり、両者の媒介をシェリングが行っていると主張する。だが、ヘックマンのこの報告は科学史的な考察を欠いている。私見によれば、シェリングの進展論はウィリアム・ハーヴィ（William Harvey）以降の近代発生論における後成説と交差するものである。[9]ヘックマンのように、進化論を含む「現代の進化論的な世界像との関連におけるシェリング自然哲学の今日的意義」（報告の副題）を問題にするのであれば、上記の科学史的検討は不可欠の作業であろう。彼の報告を受けたボンジーペン（Wolfgang Bonsiepen）のコメント「シェリングとヘーゲルの進展論」(B, 367-374) は科学史的考察を含むものではないけれども、進展論をめぐってのシェリングとヘーゲルの立場の相違を明快に説いている。周知のとおり、ヘーゲルは自然の段階的上昇をシェリングのように進展 (Evolution) の概念によって説明することを拒否している。[10] ボンジーペンはそこにライプニッツのモナド論に対するシェリングとヘーゲルの態度の取り方の相違を見ており、この指摘は重要である。初期シェリングの自然哲学、進展論を主導する理念はライプニッツのモナド論のそれと重なるものだからである。シェリング、ヘーゲル両者のライプニッツ受容の問題をも含めて、ボンジーペンは第一回大会においてもヘーゲルのシェリング自然哲学批判について論じている。そこ(「『精神現象学』におけるシェリング自然哲学論駁について」(A, 167-172))では、シェリング、ヘーゲルにおけるブラウン (John Brown)、レシュラウプの刺激説の継承発展の問題が扱われているが、この問題についての科学史的、医学史的な周到な討究は第二回大会におけるツーヨプーロス (Nelly Tsouyopoulos) 女史の報告「シェリングの疾病概念と現代医学の概念形成」(B, 265-290) に見出される。

彼女の科学史的医学史的討究によれば、シェリングはキールマイヤー (Kielmeyer) の生理学、発生論(一七九三年の有機力比に関する講演)、ブラウンの刺激説(一七八〇年の『医学原理』*Principia medicinae*)を先駆とするレシュラウプの病原学(一七九八年の『病原学研究』*Untersuchungen über Pathogenie* 第一巻)を受けて、それらに含まれている刺激性の概念を自然の力動的発展継起の構想(前記の進展説)に組み込み、次のような疾病概念を構築する(一七九九年の『自然哲学体系第一草案』*Erster Entwurf eines Systems der Naturphilosophie*)。それによれば、刺激性とは有機的個体の環境刺激に対する反作用であって、両者の均衡の破綻が疾病である(B, 265-272)。このシェリングの自然哲学的な疾病概念はツーヨプーロス女史の主張によれば、現代医学の生態論的な疾病概念——リシェ(Charles Richet)を先駆とするキャノン(W. B. Cannon)のホメオスタシスの概念(一九三五年の『体の知恵』*The Wisdom of the Body*)に由来する、セリエ(Hans Selye)のストレスの概念(一九七四年の『ストレス論』*Stress. Bewältigung und Lebensgewinn*)と次の点で一致している(B, 284f.)。その規範的、実践的な性格において、両者はともにデカルト的な機械的直線的な因果連鎖に基づく病理学に対立した有機体-環境関係という円環の理念を基礎とする(B, 272, 279, 288)。

シェリング自然哲学と現代科学との比較は、エンゲルハルト(Dietrich von Engelhardt)も指摘するように[11](A, 92)、シェリング自然哲学の前提、方法、目的の認識を欠くならば、その本質を見誤るという危険性を伴うものであるにせよ、今後のシェリング自然哲学研究の省くことのできない一領域ではあるだろう。

三 科学史的研究

ツーヨプーロス女史はすでに第一回大会においてもシェリングによる刺激説の自然哲学的受容とその医学的展開を扱っており(第二回大会におけるそれよりも詳しく)、それが時代の医学の危機を克服する(伝統的なヒポクラテス的臨床医療を構造変革する)役割を果したたと、シェリング自然哲学の近代医学への寄与を最大限に評価している（A, 110-115）。第一回大会における彼女の医学史的検討「シェリングの科学としての医学の構想と近代医学の『科学性』」（A, 107-116）は、医学史の流れ全体のなかにシェリング医学の構想を位置づけている点で、この方面での今後の研究の基準となりうる基礎的模範的研究と言えるだろう。第一回大会における医学史的探究にはこの他にシェリング医学の構想を特にパーキン（Jan Purkyně）の生理学、フォン・ベーア（Karl Ernst von Baer）の発生学との関連から問題にしたテルナー（Richard Toellner）の報告「シェリングの科学としての医学の構想のための周辺的事情」（A, 117-128）、ロマン派医学を四つの流れに分類し、その一つにシェリングの自然哲学的医学の構想を位置づけたロートシュー（Karl E. Rothschuh）の報告「ロマン派時代におけるドイツ医学」（A, 145-151）が含まれている。一八〇〇年頃におけるシェリングの活躍は、エンゲルハルトも強調しているように自然哲学の領域のみに留まらず医学の領域にも及んでおり、このことは、たとえばシェリングによる二つの雑誌『思弁的自然学雑誌』（一八〇〇―〇一年）、『学としての医学年報』（一八〇五―〇六年）の主宰、編集、寄稿にもよく現れている。「医学は全自然学の王冠であり精華である」（VII, 131）とは、先の『医学年報』（一八〇五年）のためのシェリングの序言にほかならない。

第一回大会の自然哲学部門における報告の特徴は医学史を含む科学史的な探究にあり、たとえばヘックマンはこの大会を振り返って、その驚くべき成果は「シェリングの科学史的位置が新たに熟考されねばならないという認識」を獲得したことにあったと指摘している（B, 9-10）。「時代の自然科学の受容」という総タイトルのもとでなされた第二回大会における一八〇〇年前後の化学、生物学、電気理論に関する周到な科学史的探究も（B, 15-38；39-57；59-97）、この認識を受け止めてなされている。以下、ドイツ自然哲学、医学の科学史的位置づけという研究分野において目覚ましい成果を挙げ、目下この分野で指導的役割を果たしているエンゲルハルトの仕事に焦点を絞り、シェリング自然哲学研究における科学史的探究の意義を顕揚したい。

エンゲルハルトの仕事には二つの国際シェリング大会双方における報告「シェリング自然哲学の諸原理と諸目的」「シェリング自然哲学における有機的自然と生命科学」の他に特筆すべきものとして、一九七七年のドイツロマン派をめぐる学際的シンポジウムにおける自然哲学部門の音頭とりと文献紹介、および二つの著書『ヘーゲルと科学』（一九七六年）、『自然科学における歴史意識』（一九七九年）がある。[12] 彼の研究の基本姿勢は徹底した科学史的実証にある。そのような研究に基づいて定式化されたテーゼによれば、おおよそ一七八〇年から一八三〇年の間（「一八〇〇年頃」）が、自然哲学的探究が時代の科学の進展のなかで生きた力を発揮しえた「自然哲学的時代」と呼んでよい時代であり、一八三〇年のパリの科学アカデミーでのキュヴィエ（Cuvier）対ジョフロワ・ド・サンチレール（Geofroy de Saint-Hilaire）の論争以後、自然哲学は力を失い、実証主義的自然科学に取って代わられた。[13] すなわち、シェリングをはじめロマン派（バーダー（Baader）、エッシェンマイヤー、ノヴァーリス（Novalis）、リッター、ゲーレス（Görres）、シューバート（Sohubert）、シュテフェンス、オーケン、エールステッド、カールス（Carrs））の自然探究は十八世紀の啓蒙期の自然科学と十九世紀の実証科学の中間期を形成する。[14]

一八〇〇年頃の科学が置かれていた状況に対するシェリング自然哲学の位置づけとそれの後世への影

響を抱括的に探究した第一回大会におけるエンゲルハルトの報告のなかには多くの貴重なだけでなく興味深くもある以下のような指摘と洞察が見出される。

(一)「科学史の展望のなかでは、哲学史的連関というこれまでの研究を超えた諸相を探究することができる」[15](A, 77)。ハラー、ヴォルフ、ブルーメンバッハ、キールマイヤーの諸説に基づく有機体論[16](ebd.)、ガルヴァーニ(Galvani)、ヴォルタ、リッターの経験的観察の影響下での化学論[17]、ブラウンの刺激説の批判的継承としての疾病論[18](A, 80f.)など。

(二)「シェリングは集中的に彼の時代の経験的自然探究と医学に取り組んだ。……シェリング自然哲学のこうした諸源泉の科学論的分析がまだない」(A, 81)。シェリングの自然哲学的洞察は実際に個々の領域で具体的な寄与を行った。ブラウン説を疾病と治療法の統一理論へと発展させたし[19](ebd.)、ガルヴァーニやヴォルタの試みからデーヴィ(Davy)の電気化学、ファラデーの電磁気学の発見へと導いた[20](A, 18)。これらは、シェリング自然哲学のうちに、思弁と経験、哲学と科学、概念と現象の関係に関する透徹した洞察が含まれていたことによる[21](A, 81-83)。

(三)一八〇七年にすでにシェリングは自説に対する無理解に直面して、自らの自然哲学に関する著作の刊行を断念している(A, 84)。「さらなる仕上げに対するシェリングの断念は時代の流れと一致している――ロマン的および思弁的自然洞察の全盛期は一八一五年頃にすでに踏み越えられており、一八一七年、一八二七年、一八三〇年の百科全書的集成としてのヘーゲル自然哲学の到来はこの関連から見て遅きに失した」(A, 83)。

(四)シェリング自然哲学はリッター、エッシェンマイヤー、シュテフェンス、エールステッド、トロクスラー、オーケン、マルクス(Marcus)、レシュラウプ、カールス等の時代の自然科学者、医者たちに受け入れられる一方、フリース(Fries)、フィヒテ、ヘーゲル、ゲーテ(一八一六年のシェリングのイェーナ大学への招聘に対する反対)をはじめ、ベルネ(Börne)、ハイネ(Heine)らの反論を受け続けており、一八三〇年のアカデミー論争における「精神の欺瞞的遊戯」(jeu trompeur de l'ésprit)というキュヴィエの批判はシェリング自然哲学批判の完成を意味する(A, 84-86)。

(五)「シェリング自然哲学の受容史、影響史は十九世紀、二十世紀においても続いた」(A, 86)。それの拒絶は、ベルツェリウス(Berzelius)およびヴェーラー(Wöhler)、リービッヒ(Liebig)、ハーシェル(Herschel)、ガウス(Gaus)、シュライデン(Schleiden)およびフォン・モール(von Mohl)、ウィルヒョウ(Virchow)、ヘルムホルツ(Helmholz)、デュ・ボワ・レイモン(Du Bois-Reymond)他の自然科学者、医者たちに見られ、同調はビンスヴァンガー(Binswanger)、フランツ・ビュヒナー(Franz Büchner)のような心理学者や医者、またフーバート・ベッカー(Hubert Becker)、エドゥアルト・フォン・ハルトマン(Eduard von Hartmann)、フリードリヒ・パウルゼン(Friedrich Paulsen)、またさらには唯物論者たち、フォイエルバッハ(Feuerbach)やエンゲルス(Engels)——そのシェリング評をルカーチ(Lukác)、ブロッホ(Bloch)、ハーバーマス(Habermas)らが解釈している——に認められる(A, 87-90)。

(六)シェリング、ヘーゲル、カントの自然哲学はともにロマン的企てとして一緒くたにされており、二十世紀においても事情は変わっていない。「科学史的研究でさえ、実証主義的立場のこのような一面性、絶対化から自由でない」（A, 91f.）。

㈦旧来のテクスト解釈の他に、「さらなる研究のために三つの問いが重要である。科学史的位置づけ、十九世紀、二十世紀における影響、現在における哲学と自然科学の結合」（A, 92）。

㈧「現在において、自然科学とりわけ生物学の一般概念、原理について、唯物論と機械論について、生気論と有機体論について、因果性と目的論について、説明と記述について、分析、形態知覚、類型化について熟考がなされるところでは常に、シェリング、観念論の自然哲学は実りあるものでありうる」（A, 93）。「シェリングとヘーゲルの自然哲学に科学論的に取り組めば、様々に刺激的な効果を上げることができる」（ebd.）。

㈨「ロマン的、観念論的自然哲学は、現在において、結局のところ人間と自然の関係を規定しようとする時、新たな重要性を獲得する」（ebd.）。だが、「シェリング自然哲学を再活性化できはしまい。それは、プレスナー（Plessner）によれば指揮者ではなくて警告者なのである」（ebd.）。「核戦争と自然開発は人的ミス、政治経済的強制とかかわっているだけでなく、自然科学的技術的発展、人間の自然への関係すなわち常に人間の自己自身への関係として理解されうる関係とかかわっている」（ebd.）。

四　形而上学的研究

なお紹介すべき重要な事柄として、ハスラーの指摘した第三の見地に関する問題、すなわちシェリングの自然解釈、自然と精神の統一的把握という形而上学的問題が残っている。この問題場面こそ、先のエンゲルハルトの最後の問題提起に応えうる領域にほかならない。この領域において最も注目すべき仕事を行っているのが、二つの国際シェリング大会の呼びかけ人でもあり、現在ドイツのシェリング哲学研究において指導的役割を果たしてもいるクリングスである。第二回大会の第二部門(「シェリングの『思弁的自然学』の体系的着想とドイツ観念論の歴史におけるその意義」)での報告を含むクリングスの諸労作の検討をもって、この研究動向紹介を閉じるとしよう。ただその前に、同じ部門に含まれているシェリングの思弁的自然学の構想の究明を目指したマイヤーの報告「シェリングにおける思弁的自然学の概念について」にも目を向けておこう。[22] マイヤーによるシェリングの思弁的概念の究明は、クリングスのそれとともに、ルサージュ(Le Sage)の思弁概念との対比をテーマとしたラウトの究明や『自然哲学考案』(*Ideen zu einer Philosophie der Natur*)の二つの版における語法を詮索したデュージングの究明に継ぐ、この問題領域での基礎的研究に数え上げるべきものである。

デュージングは論稿「思弁と反省」[23]において、『考案』(*Ideen*)の初版(一七九七年)と再版(一八〇三年)の語法を比較して、初版における「思弁」という語は価値の低い語として用いられているにすぎないことを明らかにした(初版で「思弁」の語は再版では「反省」の語に置き換えられている)。このことは、シェリングが思弁概念の重要性に気づくのは後のことであることを示しており、デュージングはそこにヘーゲルの影響を見ようとする(一八〇一年以降のシェリングによるヘーゲルの語法の受容)。だが、マイヤーもラウトの研究[24]に依拠しつつ主張するように、シェリングが思弁概念を重視するに至るのは、ヘーゲルの影響によるよりはむしろ、ルサージュの見解を含むプレヴォー（Prévost）の著作の研究によると見るべきであろう。

シェリングは、その刺激によって彼自ら「思弁的自然学」（spekulative Physik）と呼ぶ彼独自の自然哲学の構想に導かれる。ジュネーブの数学者、自然学者ルサージュは、「重さのあるアトム」（atomes gravifiques）という思弁的仮定に基づいて、ニュートン（Isaac Newton）の重力現象を機械的に説明しようとした。この思弁的仮定から自然現象を説明するという思弁的精神がシェリングに強いインパクトを与えたのである。シェリングは『考案』第二部第三章をルサージュの「機械的自然学」に対する批評に当てて、その最大の長所を「経験を証明するのでも論証するのでもない」という、その思弁性に置いている（II, 211）。この点に関して、たとえば一七九九年の『自然哲学体系草案序説』（*Einleitung zu dem Entwurf eines Systems der Naturphilosophie*）では次のように言われている。「自然科学において知られるすべての事柄は、絶対的にアプリオリに知られる。実験はけっしてこのような知に導かない」（III, 276f.）。「まさにある絶対的前提から全自然現象がこのように導出されることによって、われわれの知は自然そのものの構成、アプリオリな自然の学へと転換する」（III, 278）。「ルサージュの機械論的自然学によって、自然学における思弁的精神は、科学的な永い眠りの後初めて再び覚醒させられた」（III, 274）。もっとも、シェリングが自然現象を説明しようとする際に従うのは機械的（mechanisch）方法ではなく、力動的（dynamisch）方法である[25]（B, 145）。シェリングの自然哲学すなわち思弁的自然学の企ては、先の『草案序説』（*Einleitung zu dem Entwurf*）に先立つ『第一草案』（*Erster Entwurf*）（同年）の序言（III,

3）にもあるように「ルサージュによって機械論（mechanische Philosophie）のためになされたことを力動論（dynamische Philosophie）のためになそうとした」ものにほかならない。マイヤーの見解によれば、思弁的自然学の構想が形をなすに至るのは『第一草案』においてであり、その概念的整備がなされるのはそれを受けた『草案序説』においてである（B, 61. いずれも一七九九年）。

『草案序説』において、絶対的前提からの自然現象の演繹が可能となる時、思弁的自然学が可能となることが説かれる（B, 143）。この前提は経験によって到達できるものでもなければ、仮説的なものでもなく、言わば「形而上学的決定」（ebd.）（マイヤー）として自然における「根源的な二分」「原理の一般的二重性」であり（B, 149）、これはスピノザの「能産的自然」（natura naturans）と「所産的自然」（natura naturata）の区別に相当する。シェリングの思弁的自然学の構想は、マイヤーによれば思弁的思考に対するフィヒテの高い評価を直接受け継ぐものでなく[26]（B, 132-135）、ルサージュの思弁概念を継承し、それをライプニッツの力動論に接続させ、自然現象の成立をスピノザにおける自然の存在論的区別に即して説明しようとしたものであった。

クリングスは第二回大会における報告（B, 111-128）において、マイヤーが論究の対象としたのと同じシェリングの思弁的自然学の構想の特性を「構成」の概念に即して明らかにしようとする。クリングスのこの報告は「主体としての自然」[27]と題されている。だが、彼自身も認めるように、この表現は誤解を招き易い。これは「ロマン的擬人観という嫌疑」をかけられ易い。また十九世紀以後の学問状況に照らしてみても、この表現は落ち着き場所をもたない。客体としての自然を扱う自然科学と言語的形象を対象とする精神科学という二分化にあっては、「主体としての自然」という表現は「無意味なもの」として排除されてしまう。しかるにシェリングは、この表現を明瞭に用いていた。クリングスの説くところによれば、シェリングにとって主体としての自然とは、経験的自然科学が問題とするような自然（客体としての自然）ではけっしてなく、フィヒテが知識学において創始した超越論哲学が対象とするような自然であった。「一個同一の超越論的主体性が、主体ならびに客体、知性ならびに自然を可能にさせる根拠と考えられねばならない」（B, 112）。クリングスはシェリング自然哲学のテーゼをこのように定式化している。このように経験科学的にではなく超越論哲学的に基礎づけられる自然、これが主体としての自然であり、そうして、その主体の主体たる所以は活動性、能産性という超越論的原理から客体としての自然所産への生成過程すなわち物質の構成過程として示される。

クリングスは第二回大会における報告に先立って、すでに他の論稿「哲学における構成」[28]において、シェリングの構成の概念を主題化し、それについて論じている。それによれば、シェリングは自然哲学が叙述する自然の最初の所産としての物質の構成を諸力の原基的な自然の自己構成の再構成と考えている[29]。したがって、自然哲学が物質の構成として叙述するところのものは、クリングスの特徴づけによれば「実在生成」（Realgenese）ではなく「論理生成」（Logo-Genese）にほかならない[30]。第二回大会における報告でも、彼はこの区別を踏襲し、それについて譬喩的に次のように説明している。たとえば技師が橋を建造する場合、技師による橋の構成が橋の実在的な建造史を記述するものでないように、物質の構成は物質の実在的な自然史を記述するものでなく、「哲学者が自然の根源的な自己構成を再構成する」

ところのものである（B, 350）。それは、「物質を構成する力動的な過程を概念的継起によって叙述する論理学」なのである（B, 117）。「シェリングは論理学を書きはしなかったが、言わば、彼の自然哲学のうちに論理学を書き込んだのである。理性はこうした顕現において自己自身を構成する[31]」。

シェリングは、このような論理学としての思弁的自然学を、クリングスも注目しているように、カントの自然形而上学、動力学に対する批判を通して構築している。カントは物質を所産として前提し、それを単にニュートン力学との関連において分析することで満足している。カント動力学は、根源力による物質の構成を説くものでありながら、対象を前提しているという意味で一つの理論「物質の形而上学理論」であって、求められている「物質の超越論的生成の思弁的再構成」ではけっしてない（B, 113-115）。クリングスの他の論文を引き合いに出して言えば、この物質の思弁的再構成としてのシェリングの自然哲学は、フィヒテのそれともヘーゲルのそれとも異なっている。彼は「自然と自由」と題したこの論文[32]のなかで、自然と自由の関係の捉え方に即して、シェリングとフィヒテ、ヘーゲルの相違を次のように指摘している。自然と自由の関係は、シェリングにあっては、フィヒテのように「純粋自我に還元されるのでもなく」、ヘーゲルのように「弁証法的に絶対理念のうちに揚棄されるのでもない。それは体系に閉じこめられるのではなく、ある開かれた構造をもつ[33]」。クリングスは、シェリングが自然と自由を一つの体系として叙述しようとしていることを認めながらも、そこにおける同一性の叙述が、活動性の最大が直ちに最小に転化する「ポテンツ化過程」（Potenzierungsprozeß）としてのみ可能である点に、フィヒテの演繹ともヘーゲルの弁証法とも異なる構造の解放性を見出している[34]。

クリングスは、カントのそれ、またフィヒテやヘーゲルのそれとも異なるシェリング自然哲学の特質をおおよそ以上のように捉え、そこに現代われわれが直面している危機的状況に対する打開の手立てを探り出そうとしている。彼は一九八二年のある論文において「自然は理解できるか」という問いを立て、近代科学をこの問いに対する解答を断念した立場と位置づけ、解答を用意する可能性を秘めた立場を四種想定し、その一つにシェリングの自然哲学を加えている。[35] また彼は、翌一九八三年、先にその一端を紹介した報告、「主体としての自然」においても再び自然理解の問題を取り上げて、自然が自然科学によって部分的に認識可能であれ利用可能であれ、それは自然理解ではないとして、シェリング自然哲学の近代科学に対する批判的機能、また現代の学問の分裂に対する批判的役割を強調する。「客体としての自然はシェリングの意味において自然哲学的に見られる時――自明ではなく、彼にとってそれは学問性の欠陥にすぎない」(B, 127)。「シェリングの自然の哲学という構成は、十九世紀および二十世紀においてほとんど論難されてこなかった自然と言語、自然科学と精神科学の分離に抗する少なくとも一つの修正である」(B, 128)。この学問分裂状況の克服のために方策を講じようとして起草されたのが、すでに論及した「自然と自由」(一九八五年)にほかならない。そこで講じられている方策は三つ。[36] (一)自然と自由の力動的関係を表現できるような言語[37]を探し求めること。このためにはシェリングがかつてそう呼んだような「自然を直観し把握する新しい器官」(II, 70) が必要であろう。(二)人間自身、彼が客観化する自然に属することを認識すること。言い換えると自然を自由という目的のための手段として扱わないこと。(三)人間も自然存在者であることを承認するならば、自然が単に人間の環境ではなく、その固有の主体性を発揮することを承認する道が開けてくるだろう。

方策の第二と第三は、確かにあまりにも平凡、素朴にすぎるように見える。だが、平凡、素朴は必ずしもその無効、無力を意味すまい。クリングスがここで希求しているのは、手軽な妙手でも手荒な新手でもない。自然に対するわれわれの根本的な態度変更なのである。この点、わが国においてかつて表明された次のような希求も、クリングスのそれと軌を一にしているように思われる。

「シェリングの説いたように、メカニズムからオーガニズムを演繹するのではなく、オーガニズムからメカニズムが演繹されるような自然把握の道が探し求められてもよいであろう。そこに私は、将来の新しい自然科学の成立を期待したい」。「シェリングの、自然を主体化するという自然哲学の構想も、行為的世界として自己形成と自己産出の原理を内にもつ存在者の社会的結合の複合した系としての自然観へと結晶するはずである。近代の機械論的原理からする客体的自然は、今や、……主体的自然観に席を譲らねばならぬように思われる」。「人間存在も、もとより、全自然史の過程において織り成される宇宙世界（Universe）の中でさまざまの存在系と関わり合って己が在りかを確かめうる存在である。人間存在の所在、『住みか』は、改めて主体としての自然の中に求められねばならぬ[38]」。

むすびにかえて

本章は、私の勤務する大阪学院大学の海外留学制度による在外研究の一成果である。この制度によって私は一九八五—八六年の冬学期および一九八六年の夏学期の二学期間、テュービンゲン大学のブープナー（Rüdiger Bubner）教授のもとで研究を行うことができた。この折特に八六年二月末から四月初めにかけての学期休暇中集中して入手可能なかぎりのドイツ自然哲学研究を収集読破して得た知見、とりわけ本章で紹介した、当時のドイツにおける研究動向を睨みつつ、ニュートンからシェリングに至る力と物質の概念史を綴ることを筆者の研究の主要テーマとすることに決定した。この決定のもとにその後一連の独文論稿（本書一一九頁参照）や一連の著書（本書第二章注15参照）が産み出された。本章の考察はこれら著書のうち『ドイツ自然哲学と近代科学』（北樹出版、一九九二年、増補改訂版一九九七年）に付論として収めたもので（初出は『立命館哲学』第一集、一九八七年で、帰国直後の八六年冬に執筆）、いまとなってはすでに相当古くなってはいるが、シェリング自然哲学の諸問題についての基本的な紹介解説となっているという理由から、シェリング自然哲学に関する入門書を目指す本書に再録することにした。転載を快諾された北樹出版社長登坂治彦氏に感謝申し上げる。

第三章　最近のシェリング自然哲学研究

日本シェリング協会第一二回大会（二〇〇三年）における特別報告から

はじめに

ある編著[1]の序文によれば、最近のシェリング研究の焦点の一つは自然哲学だとある（いま一つは自由論）。確かに近年のシェリング研究における自然哲学研究の量質両面における充実度は目を見張るばかりである。すでに紹介したとおり、この研究領域における研究の出発点となったのは一九七九年および一九八三年の二度にわたってテューリヒで開催された国際大会における諸報告であった。最初の大会では自然哲学、歴史哲学、政治哲学の三領域にわたってテーマ設定がなされたが、二度目の大会では自然哲学のみがテーマとされた。前章における研究紹介はこれら二つの国際大会での自然哲学研究を中心とするものであった。執筆したのは二回目の大会三年後の一九八六年、二十年近くも前のことである。この間にこの領域の研究の進展は目覚ましく、冒頭に触れたとおり、その充実度は目を見張るばかりである。幸いにも昨年（二〇〇三年）七月、日本シェリング協会第一二回大会（大阪学院大学）において特別報告として研究動向紹介を行う機会に恵まれた。そこでこの機会を捉えて、前回の紹介以後のシェリング自然哲学の研究紹介を行うことにした。その概要は学会誌『シェリング年報』第一二号（晃洋書房、二〇〇四年）に「最近のシェリング自然哲学研究動向」として掲載されている。本章の記述はそこでの概要に大幅に加筆したものである。

前回の紹介（本書第二章）では七九年と八三年の二つの国際大会における自然哲学に関する諸報告を、

①科学論的研究、②科学史的研究、③現代科学的研究、④形而上学的研究に分類した。その折試みた分類は、シェリング自然哲学研究の研究領域、分野の分類としては今日においてもなお妥当するものであろうと思われる。今回は（本章の考察では）紹介の仕方を変えたい。すなわち前記の全領域にわたる目立って興味深くかつ優れた研究があり、これは全体を見渡す上で格好のものなので、これを「総合的研究」と名づけ、まずはこれを紹介する（第一節）。次いで（第二節）、近年耳目を集めたテーマだという理由から、例の自己組織化論をめぐる一連の研究を「現代的研究」（前記研究③に相当）として紹介し、最後に、自然哲学研究として最も基礎的な「歴史的研究」（うち第1項「科学史的研究」が前記研究②に相当）に目を向けることにする。なお以下では、紹介すべき各研究書の引用、紹介箇所についてはその頁数のみを丸括弧内に記すことにする。

一　総合的研究

「総合的研究」と見なすことができるものとして、たとえば Thies Schröder, *Natur als Idee. Begründung und Aktualität des Naturbegriffs unter kritischer Berücksichtigung der Naturphilosophie Schellings*, Frankfurt a. M. 1997 があり、これは五百頁近い大著ながら、既成の研究からの大量の引用で埋め尽くされている。これは本格的な研究書というよりはジャーナリスティックな啓蒙書と見なすべきものだが、既成の研究からの大量の引用によって綴られるというこの書のスタイルは、自然哲学において何がトピックとなり、それぞれのトピックについて誰が何を言っているかを知る上ではきわめて便利なガイドブックとなっている。これについてはこの指摘のみに留めて、ここでの研究紹介としては、把握の的確さ、目配りの広さばかりでなく、分析と批判の鋭さにおいても注目すべきムッチュラーの次の研究の内容紹介に主たる勢力を注ぎたい。Hans-Dieter Mutschler, *Spekulative und empirische Physik. Aktualität und Grenzen der Naturphilosophie Schellings*, Stuttgart / Berlin / Köln 1990.

ムッチュラーは「シェリング自然哲学の根本問題」と題した最初の章において、彼の研究の狙いと方法について述べており、これがこの書全体の構成の仕方を開示するものとなっている。彼はまず第一節「序論的考察」では、例のシュネーベルガーによって作成された一九五四年のシェリング文献表一千タイトルのうちに自然哲学に関する書が見られないことに注目し、これに対し、十九世紀実証科学による評価を反映したものだと指摘する。適切な評価、指摘である。総じてドイツ自然哲学、とりわけその代表シェリング自然哲学に対する長年の無視は十九世紀半ばに確立した実証科学によって決定的となった今日的な科学観ゆえのものだからである。このようなになかにありながら、近年にわかにシェリング自然哲学は人々の注目を集めるに至っている。その理由として、ムッチュラーは近年の次の二つの動向を挙げている。一つはシェリング自然哲学に新しい発見（宇宙論、線形熱力学、サイバネティクス等）への先駆を認めようとする動向であり、これは筆者の分類では「現代科学的研究」のグループ（③）に属する。そうして周知の生態的危機。高度に発達した科学技術文明がわれわれにもたらした危機が、皮肉なことに、これまで無視され続けてきたシェリング自然哲学のような過去の自然哲学研究を推進するための追い風となっている。もっとも、ムッチュラーはシェリング自然哲学そのものに即して見て、「シェリング自然哲学の本来の関心事は今日でも未だ取り戻されはしなかった」(S.12)と悲観的な観測を表明している。興味深いことにこの観測は従来のシェリング自然哲学研究に対する彼の診断となっている点である。彼は従来の研究――これは「人間の自己了解の鏡」ともなるものだが――を三つに分類している。①実証的方向(Hartkopf, Oeser, Kanitscheider)、②マルクス主義的方向(Bloch, Schmied-Kowarzik, A. Schmidt)、③超越論的方向(Krings, Spaemann, Loew)(ebd.)。

続く第二節では、「シェリング自然哲学の位置づけの難しさ」が語られ、その上で「その解釈に対する提案」がなされる。ムッチュラーはこのために三つのテーゼを立て、それとの関連で自身の書の構成に触れる。

㈠第一テーゼ。「私の第一テーゼは、研究文献では通常主張されないものだが、それは以下のとおりである。シェリングの特殊自然哲学的発展は同一性体系において頂点に達し、初期の諸構想もこの目標地点からのみ理解されうる」(S.14)。これを論証するのが第二章「経験と思弁の関係の発展」である。

このテーゼ、第一テーゼは、第二章の本文では次のように表現される。「結局のところ、シェリング哲学はつねに同一哲学だったが、同一性を様々な仕方で捉えたのであり、同一性と思惟との関係をそれぞれ様々に規定したのである」(S.55)。この同一性把握と規定の相違は、知的直観のそれぞれの相違(S.53ff.)あるいは思弁と経験との関係のそれぞれの相違(S.53)に対応しており、これが初期シェリングにおける自然哲学の同一哲学へのそれぞれの発展段階を彩っている。発展段階に関しては、ボンジーペンの見解を見る際に（第三節「歴史的研究」第2項「発展史的研究」）論じることにして、ここでは第三章第三節における〈実験〉と〈法則〉との関連に関する考察を見ておこう。そこでムッチュラーは、〈実験〉に関しては、「シェリングは一度たりとも量化について語らない」（S. 87）ことを強調し、彼にあっては、〈実験〉は「中間項」としての役割を果たすものと見なされているということを指摘する。シェリングは主張する。「この〔未知の〕中間項を発見することが実験的自然探求の仕事である」（一七九九年の『草案序説』III, 279）と（S. 88）。ここからシェリングの唱える「思弁的自然学」の理念の何たるかも明瞭となる。すなわち、「経験を包括するものとしての思弁的自然学は『真の実験の魂である』」（III, 280）ということが、言い換えると「理論と実験とは論理的に同一水準にある」ということが。このことは、たとえば同一性体系では次のように言われている。「自然の行為の純粋な諸条件は、そもそもアプリオリな構成の途上か、あるいは実験を通じてかのどちらかでのみ見出されうる」（IV, 186）と。

奇妙なことに、ムッチュラーはシェリングの思弁概念を規定する際、ルサージュのそれを一顧だにしていない。一八〇〇年前後の一千人にも上る物理学者たちを扱っている一八八二年刊のヘラーの『物理学史』（第二巻）のなかにルサージュの名が記されていないことを理由に彼を単なる「脇役」と見なすためである（S. 94）。シェリング自身「ルサージュの機械論的自然学によって、自然学における思弁的精神は学的な永い眠りの後ようやく再び目覚めさせられた」（III, 274）と強調しているにもかかわらず。他の機会に指摘したとおり、[2] ジュネーヴの数学者、自然学者ルサージュは「重さのあるアトム atom gravifique」という思弁的仮定に基づいて、ニュートンの重力現象を機械論的に説明しようとした。しかるにムッチュラーは、ルサージュのそれに依拠したシェリングの思弁概念を、むしろ重力概念に対するニュートン自身の次のような態度と比較している。「ニュートンは彼の理論によって同時に〔重力の〕実在根拠を把握しうると考えた。したがって重力の〈原因〉を見出すことができなったというのは彼の欺瞞である。……シェリングはニュートンに服して、〈思弁的自然学〉の概念をもったのであり、次の点を十分自覚していた。因果連関の彼岸で関係項が理念としてのみ捉えられうるということ、つまり、〈重力の原因〉は、重力法則が自然科学に属するのとまったく同じように、思弁的自然哲学に属するということを」(S. 135)。そうしてムッチュラーはさらにシェリングの次の発言を持ち出している。「ニュートンはけっして自然科学に身を委ねはしなかった。彼自身なお引力の作用因を問うたのであり、彼が自然の限界に立ったこと、ここで二つの世界が分裂していることを的確に洞察したのだ。」(一七九七年の『考案』「序説」II, 24)。拙著『ニュートンとカント』(晃洋書房、一九九七年)他、機会ある毎に繰り返し強調したとおり、ニュートン自身、ヤヌスの如き二つの顔を有していた。実証的な自然科学者としての顔と思弁的な自然哲学者としての顔である。当の重力概念にしても、ニュートンはしばしばその特性を彼の思弁的なエーテル仮説に基づいて論じていた。したがって、ムッチュラーによるルサージュの回避は思弁概念に関する議論としては空振りに終わっている。

(二)第二テーゼ。「第二テーゼは、私がシェリング自然哲学の他の解釈から私を際立たせるものなのだが、それは金輪際シェリングが『精密』科学の演繹演算法の基本認識の持ち主ではなかった、ということである」(S. 16)。これを論証するのが第三章「シェリングの古典的自然科学に対する位置」である。

ムッチュラーは、この章の考察において後期シェリングの一論文「ファラデーの最新の発見について」（一八三二年）に注目する（S. 101）。これは次に掲げる電磁気に関する一連の発見のなかの一つである。彼の以下の考察では科学史的知見がふんだんに活用される。シェリング自然哲学研究にとって科学史的研究が不可欠であることの証左である。

ムッチュラーの挙げる電磁気に関する諸発見を列記すれば左のとおりである。

一七九二年のヴォルタの発見（電気が動物的性質（ガルヴァニスムス）でなく、金属と電解質との接触による性質であることの発見）

一八〇七の年デイヴィの発見（電気分解の発見）

一八二〇年のエールステッドの発見（磁気を帯びた釘の電流による方向の逸れの発見）

一八三二年のファラデーの発見（変化する電磁場の電気作用という逆の発見）

しばしば指摘されるとおり、右の諸発見のうち「エールステッドの発見は直接シェリング自然哲学の影響のもとで生じた」。ムッチュラーもむろんこの点を指摘する。だがこれは、ムッチュラーにあってはシェリングの手柄を強調するよりはむしろシェリングが数理に弱かったことを指摘するためになされる。彼は同時期における光学、電気学および磁気学、そうして熱理論の領域における諸発見をシェリングが無視している点を突く（S. 102）。

ムッチュラーの挙げる諸発見を列記すれば左のとおりである。

(1) 光　学

一八一四年のフラウンホーファーの発見（太陽スペクトルムにおける吸収線の発見）

一八一五年のフレネルの業績（光振動の光極性、横波性の発見もしくは波動理論の数学的定式化）

(2) 電気学、磁気学

一八二〇年のヴィオ、サヴァの業績（エールステッド関連の精密数学化）

一八二二年のゼーベックの発見（熱電気の発見）

一八二六年のアンペールの業績（電気力学の根本法則の定式化——マクスウェルに言わせればアンペールは「電気学におけるニュートン」である）

一八二七年のオームの業績（電気抵抗の法則）

(3) 熱 理 論

一八二二年のフーリエの業績（熱理論の総合）

一八二四年のカルノーの業績（循環過程の理論）

ムッチュラーはシェリングによるこれらの諸発見の無視の理由を、「これらがすべて数学化量化された形式で提起された」点に求め、「十九世紀の第一級の自然学者たちのなかでファラデーだけが数学に無知だった。このことは物理学史のなかで珍品・椿事を表現する」（S. 102）とまで酷評する。ムッチュラーの指摘するとおり、シェリングは電気理論のなかに数学を何ら求めなかったし、ファラデー論では、一七九九年という昔の『第一草案』を引き合いに出している（IX, 443）にすぎないのだった（『第一草案』については本書三八—四一頁参照)。ムッチュラーはシェリングによる自然哲学研究が初期でほぼストップしてしまっているという印象を抱いている。確かに後期においいても自然哲学に関する研究がないわけではない。物質の本質を空間の次元と関連づける一八四四年の『自然過程の叙述』である。しかしながら、そこでも引き合いに出されるのは空間の第二次元と電気との結合というかつての着想(一八〇〇年の『一般的演繹』)なのである(この点、本書五〇頁参照)。

ムッチュラーはこのような連関のなかで、さらにシェリングがエネルギー法則に関しても何ら意見表明しないことをいぶかっている(S. 103)。周知のとおり、熱力学は十八世紀末に胎動し、十九世紀半ばに確立した(3)。シェリング自然哲学の形成と展開は時期的にすっぽりこの時期に収まる。シェリングは初期著作のなかで自然諸力の統一を繰り返し論じていた。この課題は当時におけるオイラーの試みとオーヴァーラップするものにほかならなかった。だが、この点では両者はすれ違ったままである。ムッチュラーは両者の相違を次の点に見ている。「一七七〇年にオイラーは電力、磁力、重力を量的に計算可能な単一の力に還元しようとした。この試みは……エネルギー保存法則の先駆と見なしうる。シェリングとオイラーとの相違は、シェリングが自然諸力の統一をその数学的法則形式のうちに求めず、現象する諸力の多様を内的に理解可能にし、計算可能にしないであろう絶対的原理の自己同一化のうちに求める点にある」(S. 104)。この指摘は、ムッチュラーがシェリング自然哲学を見る観点の最も基本となるあり方をきわめてよく示すものであることをここに強調しておこう。彼は彼特有の観点をさらに強調するために、次のエネルギー法則発見の動きを追っている。

一七八三年　カルノー
一七八四年　ラヴォアジェ、ラプラス
一八四二年　マイヤー
一八四七年　ヘルムホルツ（『力の保存について』）

そうした上で、ムッチュラーは次のように問う。「なぜシェリングはエネルギー法則を彼の自然哲学の確証として持ち上げなかったのか」と。「そこでは、実証的な科学者にとっても自然哲学との類比が目を惹いたし、このシェリング自然哲学が諸世紀の自然学的総影響の意味を先取りしていたことを指摘できたであろうに。シェリングはこれを行わなかった。」——なぜか。それは「彼の立場からすれば、物理学者たちは自然の統一の誤った形式を発見していたからである」（S. 104）。ここで彼の第二テーゼを想起しておこう。それは「金輪際シェリングが『精密』科学の演繹演算法の基本認識の持ち主ではなかった」というものだった。以上の諸々の指摘はこのテーゼの例証なのである。

もう少しこの点を見ておけば、ムッチュラーによって初期シェリングにおける当時の科学受容のなかで特異な点として強調されるのはクーロン受容である。もっとも、クーロンの名が挙げられはしても、シェリングは彼の説をまともに扱えていない。翻って一八〇〇年前後の数学的自然学、すなわちモーペルチュイ、オイラー、ダランベール、ラグランジュらによるニュートン自然学の解析化に関しては、まったく視野に入っていない。「実際彼は前記の著作家たちのことをまったく気にもとめなかった。彼の数学的知識がこれらの著作家たちを読むに足るものだったかどうか私は疑っている。シェリングが自然哲学的諸著作で数学に言及している内容は初歩の生徒の域を出ない」（S. 94）。ムッチュラーの数々の酷評のなかでもこれが最も手厳しい。ここに、われわれは彼による酷評の根幹的な出所を見ることができるであろう。

この点でヘーゲルは、シェリングとは大いに違っていた。ヘーゲルはニュートンの流率法における無限小概念を批判したばかりか、当時数学的には最先端のラグランジュによるその解析化の難点を指摘し、さらにはコーシーによるその解消に対する批評さえ加えている。(4) ここでシェリング哲学とヘーゲル哲学の数学と自然科学との関連を主題化した若手の俊秀ツィッヘ（Paul Ziche）の博士論文に目を向けておこう。*Mathematische und naturwissenschaftliche Modelle in der Philosophie Schellings und Hegels*（Stuttgart 1996）と題された彼の学位論文は、シェリング、ヘーゲル両者が数学および自然科学から借用した諸概念——とりわけ「平衡」「無差別点」「モーメント」あるいは「有限—無限」——を彼らの哲学の「比喩」もしくは「モデル」として使用するその仕方を解明しようとしたものである。たとえば、シェリング同一哲学の同一性原理の彼自身による例の図式化が梃子の理論から解き明かされる（S. 205）。あるいはヘーゲル論理学における始元の三概念——「存在」「無」「生成」——ですら梃子すなわち両端と重心との関係がそのモデルだと指摘される（S. 28）。興味深い他の点をさらに挙げれば、比喩使用の問題に関連して、ヘーゲルの『美学』におけるその詳論にも目を向けていることなどなど（S. 21）。ただ奇妙な点は、シェリングの同一哲学およびそれ以降の哲学の体系化において中心的役割を果たす「ポテンツ」の概念が主題化されていないことである。信じがたい処置である。——むろんこの概念をドイツ自然哲学に導入したエッシェンマイヤーに関しては折に触れて論じられ（S. 212ff.）、またわずかに「ポテンツ化 Potennzierung」に言及されはするが（S. 214）。エッシェンマイヤー研究に関しては、後に紹介する。――なお、ツィッへの学位論文には、当然ムッチュラーの見解に対する言及も含まれている（S. 133-140）。ツィッへは特にケプラー法則に関するシェリングの議論に対するムッチュラーの判定（S. 62-70）を俎上に載せている。それによれば、シェリング自然哲学の目的が「自然現象の〈経験的説明〉」と見なされており、かつ有機体概念がケプラー法則のシェリング的解釈の中心構想とされている。これはシェリングによるニュートン批判を伴っており、それは「有機体と見なされた惑星体系に数学的法則を根本的には適用できない」（S. 139 : Mutchler, S. 63, 67）とするものにほかならなかった。このようなシェリングによる批判は、ツィッへの指摘するとおりヘーゲルに倣ったものである。彼は就職論文『惑星軌道論』に言う。「われらが偉大な同郷人ケプラーの類い稀なる天才が、軌道をめぐる惑星の法則を発見した。ニュートンは、しかる後にこれらの法則を自然学的にではなく、幾何学的に証明したにすぎないにもかかわらず、彼が天文学を自然学と合体させたと噂されている」[5]。ヘーゲルの考えによれば、これを行ったのはケプラーであり、彼においては自然学と数学とは前者の後者への還元の関係にあったのに対して、ニュートンの場合には後者の前者への適用の関係にあり、そこには混乱が認められる[6]。

(三)第三テーゼ。「私の第三のテーゼは以下のとおりである。哲学者が「《主体と客体との無差別点》において自然をその種別化に至るまで構成できることをもはや主張しない場合にのみ、経験科学との正当な関係に身を置くことができ、その関係における自身の立場を本当に説明できる」(S. 18)。これを論証するのが第四章「シェリング自然哲学の意義」である。

第四章「体系的顧慮のもとでのシェリング自然哲学の意義」での核心的な議論は、シェリング自然哲学の根本性格を、ムッチュラーがその根本理念と見なす「自由としての自然」を中心に際立たせるものである。彼の見るところによれば、「シェリング自然哲学の最終的な基礎」は、「〈自由の概念〉にある。この観点から彼が注目するのは、『自我論』(一七九五年)に記された次のテーゼである。「あらゆる哲学の初めにして終わりは——自由である」(I, 177)。シェリングはすでにこの原理をシェリング自然哲学の原理として措定していた。すなわち「自我のうちに自然を、自然のうちに自我を産出すること」(I, 198, Anm. 2)というように。しかも、ムッチュラーによれば「自然哲学の根本原理としての自由の原理は真にシェリングの著作の様々な鋳造すべてを通じて維持される」(S. 129)。自然哲学体系、同一性体系、然り。『自然過程』然り。この原理は『自然過程』が示しているように、実践哲学の立場、ひいては行為の立場に身を置くことを意味する。『総体系』(一八〇四年のヴュルツブルク講義)の言葉を借りて言えば、「自然哲学者はわが身を自然の位置に置く」(IV, 530)のである(S. 130)。このような立場においては、われわれの常識的な科学観や自然観は逆立ち、倒立像でしかないことが明らかになる。すなわち、実験的な実証科学も「この背景において成立している」し(ebd.)、宇宙も有機体として捉えられる(S. 131)。したがって機械論も有機体の最小値ということになる。因果連関も「有機体という普遍的円における無限小の直線として消失する」(『世界霊』II, 350)。

ムッチュラーのこの章での議論の特徴はシェリングタイプの自然観をカントタイプの自然観と対比することにあるが、その根本はすでに触れたとおり、実践の立場におけるカント的抑制を取り払うことであり、これが他の面でも普遍化される。カントは身体概念を自然的物体に還元したのに対し、シェリングはそれを超えて「〈経験的自由〉の概念」を導入する。これはカントでは欠落していた「〈現象における自律〉の概念」(S. 134)である。「人間の身体は物体であるばかりでなく、注意の主体でもある」(ebs.)。カントタイプの自然概念が〈自然の倫理〉に否定的であるのに対し、シェリングタイプの自然概念がそれに馴染むのもこのゆえである。この指摘は、生態的危機に見舞われている今日的状況のなかでのシェリング自然哲学研究の意義を自覚するために重要なものであることは言うまでもない。

ムッチュラーの興味深い発言はなお続く。もう少しそれを追って、「総合的研究」の紹介を終えるとしよう。彼は言う。「カントの『純粋理性批判』においては実体のカテゴリーはもはや事物の形而上学的実在の核と関係づけられなかった」(S. 135)と。そうして彼の判断では、このような構想はニュートンの方法を正確に記述している。ニュートン自身はこの構想に関しては十分に明断ではなかった。彼は彼の理論によって、同時に実在根拠を把握しうると考えた。したがって重力の〈原因〉を見出すことができなかったというのは彼の欺瞞である。シェリングはニュートンの周囲をやや大回りしている。シェリングはニュートンに服して、〈思弁的自然学〉の概念をもったのであり、次の点を十分自覚していた。「因果連関の彼岸で関係項が理念としてのみ捉えられうるということ、つまり、〈重力の原因〉は重力法則が自然科学に属するのとまったく同じように、思弁的自然哲学に属するということを」。ここでムッチュラーはシェリングの次の発言を持ち出す。「ニュートンはけっして自然科学に身を委ねはしなかった。彼自身なお引力の作用因を問うたのであり、彼が自然の限界に立ったたこと、ここで二つの世界が分裂していることを的確に洞察したのだ」（『考案』「序説」II, 24）。結局は「驚異を抑圧することによって自然科学から自然の〈何〉という問いが抑圧された」（S. 135）。だがこれは排除できない。それゆえ、『物質の尊厳』（一八〇〇年の『体系』III, 453）へのシェリングの問いは放棄できない。たとえ自然学的理論の枠内で答えることができないにせよ」。「『あらゆる個別は全体性との関係のもとにある』（一八〇一年の『叙述』すなわち同一性体系IV, 133）。この観点が無視されると、〈カント〉タイプの自然概念に固有の欠損が成立する」（S. 136）。「シェリング自然哲学は近代科学の成立によって呼び起こされた〈残存する〉問題を表現している。この問題は今日まで解決されておらず、これがシェリング自然哲学が以前同様以後も、不安を呼び起こす・引き起こしうる理由である。シェリングはカントタイプの自然理解の欠損を取り上げ、解決の可能性をスケッチしたのである」（S. 136）。

二　現代的研究

シェリング自然哲学の現代科学との関連に関して、近年大きな議論・論争を沸き起こしたのは、周知のとおりホイザー－ケスラー（Marie-Luise Heuser-Keßler）女史の次の著書である。*Die Produktivität der Natur. Schellings Naturphilosophie und das neue Paradigma der Selbstorganisation in den*

Naturwissenschaften, Berlin 1986.「まえがき」によれば、この書は一九八一年に書かれた論文を増補したものだが、元の論文執筆の誘引となったのは彼女の研究――物理学研究のなかの特に自己組織化現象の研究――の傍ら、一九八〇年に初めてシェリングに触れたことによる。彼女はその折、「シェリングの諸著作のなかに部分的に自己組織化のパラダイムの文字どおりの先取りを発見して驚いた」のだった（S. 7）。女史の研究途上における、この言わば単純素朴な驚きが、今日繰り返し取り沙汰され議論される自己組織化論とシェリング自然哲学との関連問題の引き金となった。

ホイザー－ケスラー女史は、たとえばシェリングの自然哲学的著作『草案』（一七九七年）における原子論批判としての「力動的原子論」の概念のうちに、ショッパーの素粒子物理学における粒子概念あるいはプリゴジンやハーケンの自己組織化論の先駆を見出している。「プリゴジンは、〈生成〉に到達するために、熱力学の粒子概念すなわち存在論的な第一の実在性としての〈存在〉から出発しているし、ハーケンは、〈秩序〉に到達するために〈無秩序〉から出発している」（S. 50）。プリゴジンはスタンジェールとともに、世界の単純性と時間の可逆性すなわち「安定と調和」を根本性格とする古典科学を「存在の物理学」と呼び、熱力学の第二法則成立以後の非平衡、非線形熱力学を「生成の物理学」と呼んで――これは世界の複雑性と時間の不可逆性を根本性格とする――これを対置していた（S. 284）。また、ハーケンは通常のランプにおけるノンコーヒーレントな光波（無秩序）から出発し、光波がコーヒーレントな波形を描くレーザー光線の特性を「秩序パラメータ」に選んで、「包括的な自己組織化論」である「シュナジェティクス」を構想していた。

あるいはまた女史は、『世界霊』（一七九八年）における有機体に関する次のような記述のうちに、アイゲンのハイパーサイクルに関する記述（一九七一年）の先駆を見出す（S. 51）。「有機化とは、私には、原因と結果によって維持される渦にほかならない。自然がこの渦を阻止しないところでのみ、渦は前方（直線方向）に流れる。自然が渦を阻止するところでは、渦は自己自身へと（円環を描いて）還帰する。云々」（II, 349）。さらにまた彼女は、同じ著作における世界霊に関する次の記述のうちに、マトゥラーナとヴァレラが「オートポイエーシス」と名づけた「生命体系の自己関係性」に関する記述の先駆を見出す（S. 52）。「統一とともに対抗のうちに思い浮かべられる、この駆動する両力が有機化し世界を体系へと形成する原理の理念へと導く。このような原理を古代の人々は世界霊によって示唆しようとしたのかもしれない」（II, 347）。

システム論の発展段階を、「動的平衡系」「自己組織化」「オートポイエーシス」の三段階として捉え、シェリングの自然哲学を「自己組織化」としての「第二世代システム」と位置づけ、とりわけ「階層生成」概念に関連して、「第一、第三のタイプはシェリングの着想を、現代の経験科学の知識をもとに拡大、発展させている」（S. 118）と、シェリング自然哲学のアクテュアリティを強調し、それをシステム論の発展のなかに位置づけたのが、わが国の河本英夫である（『オートポイエーシス』青土社、一九九五年、一一八頁）。筆者は、氏がこうした彼の立論の準備稿を雑誌『現代思想』に連載中の一九九三年、すなわち日本哲学会が一九九四年開催の年次大会に向けて「共同討議」という新しい企画を立て、その最初のテーマとして「自然哲学の現代的意義」を選び、かつ提題者を筆者に指定した折（反対提題者は、中島義道)、この新企画のために「自然哲学のアクテュアリティ」と題した論稿を執筆した。この論稿の最後で、筆者はホイザー‐ケスラー女史の問題提起を取り上げ、次のように批評した。「ホイザー‐ケスラー女史の試みは、近年、シェリング自然哲学研究に新生面を開拓し、この哲学に対する関心を新たに呼び寄せた点で、非常に意欲的で有益な試みであったが、この……比定は、牽強附会がすぎると言わざるをえない。アイゲンらの『ハイパーサイクル』は、ヌクレオチドとタンパク質の相互循環的な交差触媒回路における複製の誤りの発生に関するモデルである。また、有機体をオートポイエーシス・システムとして捉えるマトゥラーナとヴァレラがそのメルクマールとして挙げているのは、自律性、個体性、境界の自己決定、入力と出力の不在であり、彼らのモデルとしている神経システムを念頭に置かないかぎり、特に最後のメルクマールは理解できず、このメルクマールを欠いては、「第三世代」たるこのシステムの「第二世代」たるプリゴジン等の他の動的非平衡システムとの相違も成り立たない。いずれにしても、幾重もの媒介項を差し挟まなければ、両者の比較はとうてい不可能である。両者の間には二世紀近い時間の隔たり、歴史的歩みが介在している[7]」。

ホイザー‐ケスラーの試み以後、彼女自身フォローしているとおり、多くの共感的な反響のみならず、数々の批判的な反響が認められる。

批判的な反響のうち、その最も目立つのがキュッパース（Bernd-Olaf Küppers）によるものである。彼はその著 *Natur als Organismus. Schellings frühe Naturphilosophie und ihre Bedeutung für die moderne Biologie*, Frankfurt am Main 1992 のなかで、シェリング自然哲学のアクテュアリティの主

張に対して、現代生物学の立場から根本的な批判を加えている。

彼もまた自然の統一の問題をめぐって諸科学がかかえる変革的危機あるいは環境悪化に伴う生態的危機等、現代の危機状況に目を向けつつ、そこに人々のシェリング自然哲学に対する高い評価の誘引を見出している。「現代の危機諸兆候の視点から、シェリング自然哲学が新しい自然理解に対する重要性のゆえに目下高く評価される」(S. 13) と。だが、当時においてもシェリング自然哲学はせいぜい医学の領域および電磁気学の領域で影響を与えたにすぎず、ましてや、そこに今日の自己組織化論の先取りを見ようとするのは早計であり、ホイザー - ケスラーの試みが「そのセンセーショナルな例」である、シェリング自然哲学のアクテュアリティという主張には、「潜在的な危険」すなわち「シェリングの思想を無批判に受け入れ、その思想を自然科学的な基礎の議論の領域へ拡散させるという潜在的な危険がある」と、彼女に代表される主張に対して厳しい警告を発している。キュッパースは、シェリング自然哲学の有機体概念が二十世紀初頭の「いわゆる有機体的生物学」(S. 85) ——還元主義に抗して[8]、全体は部分の総計以上のものだとする創発現象に注目する現代生物学の捉え方「有機体論的自然把握 organismische Naturauffassung」の先駆だということは認めながらも (S. 82-89)、それが今日の複雑系の科学、非平衡物理学[9]の先駆になっているとは考えない。端的にいえば、「非平衡物理学の先駆という点に関しては、シェリングの見方は、単に比喩的性格を有するにすぎない」(S. 104) ためである。確かにシェリングは『世界霊』において、「生命過程が化学過程を超える性質をもっていること」に気づいてはいた。これは結局、次のような諸問題に導くものにほかならない。今日的な用語で言えば、すなわち非平衡の問題（「化学的平衡という死せる状態から離れて何が生命有機体を維持するか」）、循環的反作用の問題（「生命有機体においてリズミカルな周期過程が何によって維持されるか」）、生命触媒と生命化学過程の指向性の問題（「生命有機体においてそもそも代謝過程が何によって可能とされ制御されるか」）（S. 100-101）。これらの諸問題は、見られるとおり、すべて現代物理学や現代生命化学、現代生物学が解き明かした問題群にほかならず、シェリングの時代の諸科学では解決できなった問題なのである。

先にホイザー - ケスラーの主張に対する筆者の強い疑念を紹介しておいたが、これはキュッパースの それと軌を一にするものと言ってよかろう。彼に言わせれば「シェリングの自然哲学を現代科学に対して方向を指し示すものと解釈するあらゆる努力は端から挫折を余儀なくされている」（S. 117f.）。「実際のところ自然の自己組織化に関するシェリングの表象も、現代生物学の進化思想よりゲーテのメタモルフォーゼ論に近い」（S. 117）ものでしかないからである。彼は「シェリング自然哲学の思い違いのアクテュアリティ」の究極の出所を「シェリングが有機体に自然説明のための優先権を与える」（S. 118）という点に見ている。このような「説明の視点の移動はシェリングの自然構想にとっては、非有機的物質が有機的物質の残渣として現れる結果となるが、これは金輪際現代生物学の根本構想と一致しない見解である」（S. 119）。キュッパースの見るところによれば「有機体論的自然把握も、生物学における基礎研究に対してはこれまで何ら建設的な役割を果たしてこなかった」（ebd.）。

キュッパースによって批判の槍玉に挙げられたホイザー - ケスラーは、それに対して反論を試みている。*Selbstorganisation. Jahrbuch für Komplexität in den Natur-, Sozial- und Geisteswissenschaften,* hrsg. von U. Niedersen, Bd. 5, Berlin 1994, S. 231-255に掲載されたキュッパースの書への書評において。彼女はまずキュッパースの立てた根本テーゼ――「シェリングが有機体に自然説明のための優先権を与える」(S. 118)――および、これが現代生物学の根本構想と一致しないという発言を取り上げ、この根本テーゼとその評価、双方とも的外れであることを指摘する。キュッパースの書のタイトル「有機体としての自然」そのものからして彼の誤解を告げている、となかなか手厳しい。「キュッパースは、シェリングが機械論的自然把握を拒否し、機械論を自然の根源的産出性から導出された現象と理解して知ろうとしたことによって、有機的自然把握を主張したという誤った捉え方をしている」(S. 283)と。シェリングの捉え方はこれとは反対に、「その機構ともども非有機的物質も、その機構ともども有機的物質も、自己組織過程の産物だ」(ebd.)というものである。シェリングが次のように強調するのもこのためである。「非有機的自然は有機的自然の前提であり、有機的自然はまた人間本性の前提である」(Schelling, *Urfassung der Philosophie der Offenbarung*, hg. v. W. Ehrhardt, Teilband 1, Hamburg 1992, S. 6)。彼女に言わせれば、「シェリングは自然を生物学的な有機体として捉えてはいない」「シェリングの構想は〈有機体としての自然〉ではなく、〈歴史としての自然〉であり、その経過のなかで、この構想は有機体の形成に到達する。……生物学的有機体は歴史をもたないのである」(S. 283)。「宇宙が生物有機体との類推で考えられると、生物有機体には自由はないであろう。したがってまた人間の行動の自由もないであろう」(興味深いことに、これはルクレティウス宇宙論=自由論に類似の議論となっている)。このような立場から、ホイザー - ケスラーは『世界霊』の根本構想である「普遍的有機体」の構想を次のように捉えている。「〈普遍的有機体〉の概念は、比喩的に単に非有機的であるものとしてでもなく、単に有機的であるものとしてでもなく、両領域を超秩序的で超不変的原理によって相互に結合するものとして用いられる」と（S. 284）。

このような捉え方は、後に示す、筆者によるコヴァルツィクのシェリング自然哲学解釈に対する批判に同工のものである。だが、ホイザー＝ケスラーであれ、筆者であれ、これだと、まだシェリング理解の問題に留まっていて、現代科学との関連の問題にならない。ホイザー＝ケスラーはむろん、この問題に対しても反論を加えている。キュッパースは、生命の生成に関する問題のシェリングによる解決を、今日の非平衡物理学の枠内でのものではないと見なすが、彼はシェリングの試みが「力動過程もしくは自然学のカテゴリーの一般的演繹」である点を顧慮していないと彼女は批判する。『世界霊』におけるシェリングの努力は「まさに非機械論的であると同時に非有機体論的な自然理論」を目指すものにほかならなかった。このような指摘の後に彼女はシェリングの『力動過程の一般的演繹』（一八〇〇年）第三節の、ポテンツ論に基づく理論構成に関する次の記述を引用する。「有機的自然は、高次のポテンツにおいて反復される非有機的自然なのだから、われわれに同時に、物質一般のカテゴリーの構成によって有機的産物の構成のためのカテゴリーも与えられている。今から行う探究はすべての自然科学に関する最も普遍的な探究である」（IV, 4）。

ホイザー＝ケスラーの反論は遺憾ながら、どこまでいっても埒があかない。キュッパースのシェリング自然哲学理解に対する反論に終始しているためである。ここで筆者の勝手な興味を持ち出して言えば、ポテンツ論に基づくシェリング自然哲学の体系構成は、構造としてはハーケンのシュナジジェティクス(10)におけるそれと似ている。むろん、一方が基礎構造として設定するものは同一主体内での力の対立――シェリングは引力と斥力との対立を採用する――であるのに対して、他方が基礎構造として設定するものはレーザーの光波に認められる規則的な波動である。これをハーケンは秩序パラメータとして採用する。そうして両者ともに同じ構造がオーダーを変えて反復される(11)。何を基礎構造として設定するか、何をパラメータとして採用するかは時代の科学の発展段階に依存する。シェリング自然哲学の時代と現代とでは、すでに指摘したとおり、優に二百年の隔たりがある。今試みたシェリングとハーケンとの比較はホイザー‐ケスラーのそれ同様、両者の類似への単純素朴な驚き、興味に由来する。違いはただここで「先駆」だとか「先取り」だと言わないだけである。筆者のこれまでの歴史的研究の経験から言えば、われわれに要求されているのは、十分な歴史的研究を踏まえた上での現代科学の動向との比較である。ホイザー‐ケスラーの「センセーショナルな」試みに欠けていたものは、十分な歴史的研究、すなわち比較を可能にさせる媒介項の設定だと思われる。われわれはシェリングが当時どのような問題状況のなかでどのような課題と取り組んだか、その思想空間を文字通りに復元することはむろん不可能にしても、それに対して限りなく接近する努力を怠ってはならない。これが前記の分類では科学史的研究(②)である。

三　歴史的研究

シェリング自然哲学に関する歴史的研究という場合、狭義にはシェリング自然哲学が成立し形成される歴史的背景、連関を探る科学史的研究を意味するものと見なしてよいが、広義には、シェリング自然哲学そのものの成立、形成を追跡し、跡づける発展史的研究をも歴史的研究に加えることができる。それゆえ、シェリング自然哲学に関する歴史的研究としては、第1項「科学史的研究」および第2項「発展史的研究」に分けて紹介を試みることにする。

1　科学史的研究

一八〇〇年前後に成立し、形成されたシェリング自然哲学は、当時のいわゆる科学、とりわけ力学、熱学、化学、磁気学、電気学、生理学等の動向を見据え、これらにコミットするものであった。そのため、シェリング自然哲学はこれら自然諸学に関する歴史的知識ぬきには理解不可能なものである。

一九八八年に発足した自然哲学研究会では、これまで『理想』誌（第六四九号、一九九二年）において「科学哲学から自然哲学へ」を総タイトルとする特集号刊行に取り組んだ他、二冊の編著を刊行した。伊坂・長島・松山編『ドイツ観念論と自然哲学』（創風社、一九九四年）および北澤・長島・松山編『シェリング自然哲学とその周辺』（梓出版社、二〇〇〇年）。『理想』誌での二つの総論のタイトル――加藤尚武「科学史から自然哲学へ」および渡辺祐邦「科学史と自然哲学」——に端的に示されているように、自然哲学研究における科学史的研究の中心的役割が強調されているし、最初の編著の第二部は歴史篇となっており、かつ第二の編著は全体がシェリング自然哲学の歴史的背景を浮き彫りにすることが目指されている。

筆者自身の研究に関して言えば、前記『理想』誌では、総論の一つとして「自然哲学とは何か」を論じ、前記の二つの編著では、シェリング自然哲学成立にとって不可欠なルサージュ自然学およびニュートンの力の概念を扱った。筆者は一九八五—八六年のテュービンゲン大学での在外研究以来、もっぱらシェリング自然哲学の基礎に相当する力と物質の概念に関する科学史的研究、より厳密には概念史的研究——ニュートンからシェリングに至る両概念の系譜——を追跡してきた。とりわけ、シェリング自然哲学の構想および体系の出発点に据えられる引力‐斥力説にしてから、既成の研究において必ずしも正確、的確に捉えられているようには見えなかっただけに、この説そのものの正確な把握とそれの歴史的展開を綿密に追うことを心がけてきた。筆者の手がけた研究成果によれば、引力‐斥力説のルーツはニュートンの「空気とエーテル」と題された執筆途上で中断されたラテン語論文草稿——ホールたちの推定では一六七五年頃、ドッブス、松山の推定では一六八四年に執筆された草稿——にある。以後、『プリンキピア』のための草稿類のなかにもこの説に関する記述が認められるが、『プリンキピア』第一版（一六八七年）ではこの説を含んだ草稿類は採用されず、『光学』最終疑問（初出は一八〇六年の『プリンキピア』第二版「疑問23」）で詳述されるものの、『プリンキピア』第二版（一七一三年）に追加された「総注 Scholium Generale」

においてわずかに言及されたに留まる。さらに前記『光学』最終疑問は、同英語版第二版（一七一七年）では「疑問31」として再登場する（以上、拙著『ニュートンとカント』晃洋書房、一九九七年、第二章）。カントが引力と斥力について語る際（『自然科学の形而上学的原理』一七八六年、第二章「動力学」）、念頭に置いていたのは『光学』の最終疑問に盛り込まれた引力‐斥力説であった。シェリングが自身の自然哲学を構想する際に、その基礎に据えた引力と斥力の概念は、主としてカント動力学におけるそれである。引力‐斥力説の内容についても、筆者が試みたこの説に関する概念史についてもこれ以上立ち入らず、前記拙著以外の論文名を挙げておく。

(1) Kraft und Wirbel. Newtons Kosmologie und Kants Kosmogonie（『人文自然論叢』Nr. 16, 1987/12), S. 69–86.
(2) Kraft, Atom, Monade. Zur Genealogie des Kraftbegriffs von Newton bis Kant, in: a. a. O. (Nr. 17, 1988/6), S. 33–55.
(3) Kraft und Materie. Die Konstruktion der Materie bei Kant und Schelling, in: a. a. O. (Nr. 18, 1988/12), S. 1–19.
(4) Atomistische Dynamik und dynamische Atomistik. Schellings Begriffsbildung des Dynamischen durch seine Ktirik an Kants Dynamik, in: a. a. O. (Nr. 21, 1990/8), S. 19–34; in: *Bremer Philosopphica*, (Studiengang Philosophie, Universität Bremen, 1998/3), S. 1–11.

なお、シェリング自然哲学に関する独文拙稿としては、他に次のものがある。

(5) Die Vereinigung des Entgegengesetzten. Zur Bedeutung Platons für Schellings Naturphilosophie, in: M. Adolphi / J. Jantzen (Hg.), *Das antike Denken in der Philosophie Schellings*, Schellingiana, Bd. 11, Stuttgart-Bad Cannstatt 2004, S. 51-76.

(6) Mechanisch versus Dynamisch. Zur Bedeutung des dynamischen Naturverständnisses und zum Vergleich der Materiekonstruktion bei Kant und Schelling, in: J. Matsuyama / H. J. Sandkühler (Hg.), *Natur, Kunst und Geschichte der Freiheit*, Frankfurt a. M. 2000, S. 41-69.

(7) Kraft und Äther. Schellings Annäherung an dem Äthergedanken Newtons, in: *Berliner Schelling Studien*, Heft 5 (im Druck).

(5)はシェリングが『ティマイオス注釈』（一七九四年）で注目した「無際限 apeiron」「制限 peras」「絆 desmos」等のプラトン的概念がシェリング自然哲学のテクストのなかでどのような役割を果たしているかを明らかにしたもので、一九九五年十月ミラノ大学で開催された国際シェリング協会大会での講演（なお、シェリングの『ティマイオス注釈』については本書一八―一九頁参照）。(7)は二〇〇三年十月フンボルト大学（ベルリン）での講演で(5)の姉妹篇。(7)は(5)で対立した両概念「無際限 apeiron」「制限 peras」を統一する第三者としての「絆 desmos」の概念の関係をニュートンにおける引力と斥力という対概念と諸力を統一づけるものとしてのエーテル概念との関係に類比しつつ、一七九七年から一八〇六年に至るシェリングによるエーテル概念の使用とその変遷を跡づけたもの。(6)はこれまでの筆者のシェリング自然哲学論の総論である。

シェリング自然哲学に関する科学史的研究として何よりも特筆すべきは現在刊行中の批判的歴史的全集の補巻が刊行されたことであろう。Friedrich Wilhelm Joseph Schelling, Ergänzungsband zu Werke Band 5 bis 9, *Wissenschaftshistorischer Bericht zu Schellings Naturphilosophischen Schriften 1797-1800*, Stuttgart 1994.

この補巻は、タイトルにあるとおり「歴史的報告」ゆえ、当然のことながら八四五頁という大著である。そのなかで、M・ドゥルナーが「化学の諸理論 Theorien der Chemie」を、F・モイゾーが「磁気、電気、ガルヴァニスムス Magnetismus, Elektrizitat, Galvanisumus」を、J・ヤンツェンが「生理学的諸理論 Physiologische Theorien」を担当。いずれもシェリング自然哲学の基本テクスト——『考案』(一七九七年)、『世界霊』(一七九八年)、『第一草案』(一七九九年)——を理解するために不可欠の歴史的連関を科学史的に跡づけている。

この大部の歴史的報告のうちその一端としてヤンシェンによる有機体論の一部のみを見ておこう。周知のとおり、シェリングの有機体論は、第二の自然哲学的著作『世界霊』(一七九八年)にすでに見られるが、第三の自然哲学的著作『第一草案』(一七九九年)では、「自然における力動的段階系列を導出する」(III, 195)という課題のもとに有機体の諸機能が論じられる。そこで用いられる中心概念は、周知のとおり、「感受性 Sensibilität」、「刺激反応性 Irritabilität」、「産出力 Produktionskraft」もしくは「形成衝動 Bildungstrieb」である(ebd., III, 207)。これらの概念を、シェリングはもっぱらキールマイヤーやブルーメンバッハから借用していた。だが、そのルーツはハラーにあり、これらの概念の的確な理解のためにも、われわれはハラーにまで遡らなければならない。われわれは自らこれ、すなわち概念史的追跡を行わなければならないわけだが、全集補巻ではヤンツェンがこれを行ってくれている。

ヤンツェンによる生理学に関する歴史記述、概念史は、他の歴史記述同様、扱う領域におけるビッグネーム（ハラー、ヴォルフ、キールマイヤー、ブルーメンバッハ等）による所説のみに留まらず、可能なかぎり広範囲の人物の所説に及んでいる。たとえば、彼はハラーから始めるのではなく、その前史から始めているし（「一七五〇年以前の動物運動論」S. 375-402）、ハラー説の中心概念の一つ「刺激反応性 Irritabilität」もグリッソン（Francoi Glisson, 1597-1677）のものであることを繰り返し指摘している（S. 391, 394, 404）。「一六七七年にグリッソンは刺激反応性の考えを体系的に導入した。彼は繊維に目を向け、確信する。繊維の運動能力は刺激反応的であるにちがいない。というのも、さもないと繊維は絶えず静止しているか絶えず運動しているかのどちらかであろうから、と」（S. 393）。生理学における画期的な時期は、言うまでもなく一七五二年であり、この年アルブレヒト・フォン・ハラー（Albrecht von Haller, 1708-1777）によって刺激反応性と感受性に関する講義が行われた（S. 375）。この講義の最初を彼はツィンマーマン（Johann Georg Zimmermann, 1728-1795）の論文の指示から始めている（S. 402）。このように歴史記述を辿ってゆくと膨大なものとなってしまう。各自、全集補巻の記述を参照されたい。邦語文献としては、板井孝一郎「有機体における三つの機能特性をめぐって」（『シェリング年報』第六号、一九九八年）がある。また、キールマイヤー（Carl Friedrich Kielmeyer, 1765-1844）に関しては、筆者旧知の若手の俊秀バッハ（Thomas Bach）が先頃一書を上梓した。*Biologie und Philosophie bei C. F. Kiel-*

meyer und F. W. J. Schelling, Schellingiana 12, Stuttgart-Bad Cannstatt 2001. この領域においても、研究に必要な歴史的な基礎知識が出揃った。ブッフの研究については本書最後で改めてコメントする。

2　発展史的研究

記述のとおり、シェリング自然哲学に関する歴史的研究としては、他にシェリング自然哲学そのものの成立、発展を跡づける発展史的研究の領域がある。この領域における最近の研究の一つは、Michael Rudolphi, *Produktion und Konstruktion. Zur Genese der Naturphilosophie in Schellings Frühwerk,* Schellingiana Bd. 7, Stuttgart-Bad Cannstatt 2001 である。これは一九九五年にミュンヘン大学の博士論文として受理されたもので、サブタイトルにあるとおり、『形式論』（一七九四年）から『一般的演繹』（一八〇〇年）までの初期著作を発展史的に追いつつ、シェリング自然哲学の生成を論じている。また、最後の章（第五章）でメインタイトル中の一語として掲げられているとおり、構成論（物質の構成論）を総論として論じている。あるいは、これは発展史的研究ではなく、哲学史的研究に属するが、ここで触れておけば、同じ Schellingiana の次の巻（第八巻）をなすのが、Wolfdietrich Schmied-Kowarzik, *Von der wirklichen, von der seyenden Natur. Schellings Ringen um eine Naturphilosophie in Auseinandersetung mit Kant, Fichte und Hegel,* Schellingiana Bd. 8, Stuttgart-Bad Cannstatt 1996 である。著者のシュミート-コヴァルツィクは、他の数多くの研究のなかでしばしば言及される代表的な論客であるが、その彼のシェリング自然哲学に関するモノグラフィとしては、この書は、筆者にとっては全くの肩透かしである。何とシェリング自然哲学研究たるこの書の論述全体を決定づける根本テーゼが次のようなものなのである。「シェリングの全哲学——初期著作と後期著作——はカントの最後の批判『判断力批判』という前兆および宗教論におけるその展開と嵩上げのうちにある」(S. 23)。一昔も二昔も前ならば、このようなテーゼが立てられたとしても不思議ではないが、今日のように科学史的研究が進展している状況にあっては、信じがたいテーゼとしか言いようがない。すでに述べたとおり、自由の哲学こそ、シェリング哲学全体の根本テーゼにほかならず、自然哲学もこのテーゼのもとで理解されなければならない。すなわち自由と必然との対立の調停の問題こそがシェリング哲学およびシェリング自然哲学の根本問題であって、目的論と機械論との対立の調停の問題は下位問題でしかない。

シェリング自然哲学に関する発展史的もしくは哲学史的研究という問題領域においてわれわれの眼を強く惹くのは、前二著ではなくボンジーペン(Wolfgang Bonsiepen)の六百数十頁の大著(一九九五年ボッフム大学に受理された教授資格論文)である。*Die Begründung einer Naturphilosophie bei Kant, Schelling, Fries und Hegel. Mathematische versus speculative Naturphilosophie*, Frankfurt a. M. 1997. この書は、見られるとおり単にシェリング自然哲学のみならずカント、フリース、ヘーゲルの自然哲学をも論究の対象としている。著者の言葉によれば、これは「自然哲学の問いに、ある特定の哲学的立場と研究関心から取り組まれる」研究である(S. 14)。またボンジーペンのこの研究の特徴は、立てられたテーマが「常に繰り返し科学史へと引き戻して捉えられる」という点にある(S. 15)。ただし、彼独自の科学史的考察が試みられる箇所が多く認められるとはいえ、特にシェリングに関するかぎりでは、その大半は先に紹介した新全集の補巻での歴史的報告に依拠している。なお、さらに特筆すべきことは、教授資格論文としての大著ならではの網羅的な文献渉猟とそれらへのコメントは模範的と言ってよいが、既存研究への依存という点でも逆の意味で模範的であって、既存研究の欠陥が時に繰り返されることになるのは不可抗力としか言いようがないが、この書が水準の高い優れた研究であるだけに、そこで論述されたことへの暗黙の信頼が、それをわれわれに鵜呑みにさせかねない危険性を孕んでいる点にあらかじめ注意しておこう。のっけから筆者の異論ばかりを並べ立てるのもどうかと思われるが、まずは異論を列記する。これも危険性への露払いの一端と了解されたい。

まずはカント論で少々。カントの処女作『活力測定考』に関して。カント自然哲学研究の古典であるアーディケスの研究における指摘[12]を受けて、ヴォルフがニュートンの慣性法則を受容した（アーディケスの指摘）とされているのは根拠のないアーディケスの立論における誤解の反復でしかない[13]。

次にたとえば『自然モナド論』。そこでのカントのモナド概念をライプニッツのそれではなく、ヴォルフのそれだとする点では、ボンジーペンの見解は筆者の見解と一致しているが、そこでの引力‐斥力説がキールのものである点を彼は見落としている（彼の論文 Die Ausbildung einer dynamischen Atomistik bei Leibniz, Kant und Schelling und ihre akutuelle Bedeutung, in: *Allgemeine Zeitschrift für Philosophie* 13-1 (1988), S.9 および彼の著書 S.45）。また、彼はこの論作『自然モナド論』を単純にヴォスコヴィッチに似たものだとする（グリュンもまた[14]）（ebd.）だけでは不十分である。自然論としての具体的な論点では両者

はことごとく異なっている。(15)

さて、シェリングの章では、ボンジーペンは、『概観』(一七九七―九八年)から『草案序説』(一七九九年)までを扱う。それぞれの特徴づけは以下のとおりである。

ボンジーペンの特徴づけによれば、『概観』すなわち「彼の最初の哲学的公刊書において、シェリングは同時代の自然学の新しい認識と同盟を結ぶことによって、カント哲学とフィヒテ哲学とを新しい形而上学へと、それと認めうるように再構成し、その再構成をさらに促進しようとする」(S. 165)。『概観』と平行して執筆された彼最初の自然哲学的著作『考案』(一七九七年)では、「シェリングは一方で、彼の新しい哲学的立場から、カントの自然哲学をさらに発展させようとし、他方で当時の自然学の認識を受け入れようとする。とりわけ後者はカントによってなおざりにされた化学にかかわっている」(S. 186)。妥当な定式化である。

ボンジーペンは『世界霊』に関しては、特にそれが時期的に『考案』に次ぐ著作ではあるが、内容的に連続するものではない点に注意を促している。それが「学的生理学の成果を前提するからである」。ボンジーペンの定式化によれば、『世界霊』は二つの問いに答えようとするものである。「第一は、非有機体から有機体への全自然の発展を示すこと」であり(「これにカントは成功しなかった」)、「第二は、力学における両力の均衡から化学における力動的相互作用への移行のあり方をより精密に捉えることであり、具体的には親和力の関係の説明が問題となる」(S. 211f.)。

筆者はシェリング自然哲学と古代哲学との繋がりに大きな関心を抱いている。この点について筆者は本書では一八―一九頁および二七―二八頁で強調した。この関心から見れば、ボンジーペンの研究ではこれに関する顧慮が希薄であるように思われる。言うまでもなく『世界霊』はそのタイトルからして、シェリング自然哲学の古代哲学への親近性を示している。確かにタイトルに掲げられた「世界霊」の概念もしくは理念は、テクストのなかでの登場回数も少なく、ただ比喩的にのみ用いられているに留まりはするものの、ボンジーペンの研究においても、この点に関するコメントがあって然るべきであろう。ちなみに「世界霊」の概念は、タイトル以外では、著作冒頭のみならず、著作末尾ではエーテル概念とともに登場するが、ここでのエーテル概念はストア派のそれが念頭にあるものと思われる。この点、著作劈頭、扉でのモットーとの繋がりが認められて、われわれの興味を大いに惹くところである。そこでは「自然の第一の力」というタイトルのもとに著作のモットーとしてセネカ『自然問題』第七巻からの引用が掲げられている（II, 379）。

『第一草案』および『草案序説』では、「自然が無限の産出的活動性として理解され、その阻止によって個々の産物が成立する」（S. 273）。「ここでの、純粋活動たる絶対的存在としての無制約者の顕示的解釈は、著作『哲学の原理としての自我について』（一七九五年）におけるスピノザの絶対的実体のフィヒテの絶対的自我との等値にすでに始まっている。この以前の著作に対して新しいのは、思想の自然哲学的転換と存在そのものの最高度に構成する活動である」（S. 273f.）。もっともな指摘ではあるが、ボンジーペンの研究は成立史的のものなのであるから、フィヒテ知識学への取り組みに関して、『第一草案』でこれがようやく本格化することが強調されてよかったであろうし、あるいはまた、この著作がシェリングにとって最初の自然哲学の体系であること、そうしてこの体系の推進原理が「進展」の概念であることも特筆されなければならない。ボンジーペンによる『第一草案』の特徴づけでは、奇妙のことに双方が欠けている。

以下において少々シェリング自然哲学の内容に関するボンジーペンの諸見解に対して検討を加えておこう。まずその手始めとして、シェリング自然哲学の成立に関する次の指摘を取り上げるとしよう。彼は、ベーンケも注目した（Immanente prestabilierte Harmonie, in : H. M. Baumgarter / W. G. Jacobs (Hg.), *Philosophie der Subjektivität?* Schellingiana 3.2 (1993), S. 365-362 bes. S. 368）。シェリングの主客合一の拠点としての『自我論』の「内在的予定調和説」――これは、ライプニッツの「予定調和説」をフィヒテの絶対自我概念に結びつけたものだが――のうちに「自然哲学の最初の諸構想」を見出している（S. 162f., 173.）。これによってカント批判哲学における理論哲学と実践哲学の分裂、フィヒテ知識学における三原理間の統一的調停が図られると同時に、自然哲学の構想の立脚点が確保される。

あるいは、『概観』第三論文で、精神の自己直観の運動が「自己自身を有機化する自然」だとされる点に触れつつ、ボンジーペンは「合目的的行為の原型」としての「精神の自己組織化」を「外界のうちにも見出す」点に「シェリング自然哲学の誕生」を見る。そうして彼はここでも、自然哲学の構想がライプニッツのモナドロジーと関係づけられている点、さらには、この構想が『自我論』での構想を引き継いだものである点を指摘している（S. 176f.）。ところで、ここでもボンジーペンの見解は筆者がすでに表明した見解とやや食い違ったものとなっている。筆者はこれまで藤田正勝の指摘にも言及しつつ、シェリング自然哲学の成立を『概観』第二論文および第三論文、特に後者における「自我の超越論的歴史」の構想のうちに見出してきた[16]。きわめて広範に研究文献を渉猟しつつ論を進めるボンジーペンはむろん藤田の見解[17]を参照している。ただしそれは、ヘーゲルの章で、イェーナ時代のシェリングとヘーゲルとの影響関係に関する立論であって（S. 459）、ここシェリング自然哲学の成立を論じた箇所ではない。ボンジーペンはそこでも藤田説を取り上げ自説との相違についてコメントすべきであったろう。藤田はこの問題に関してはシェリングの「自我の超越論的歴史」の構想を特にフィヒテ知識学（一七九四年）での「人間精神の実用的歴史」の構想と関連づけている[18]。筆者にあってはこの他に、一方では、その構想のライプニッツのモナドロジーとの類似性、他方では、そこでの自然概念がプラトンの「想起」概念と相補的であることを強調した[19]。シェリング自然哲学の成立に関して、今日言えることは、その「前段階」としての『ティマイオス注釈』（一七九四年）、そのモチーフが含まれているのが『自我論』（一七九五年）そうしてその課題設定がなされたのが『哲学書簡』（一七九五年）、そうしてそれが成立するのが『概観』第三論文（一九九七年）と見なすべきであろう。もっとも、『概観』第三論文における歴史構想にシェリング自然哲学の成立を見るという見解は、すでにクーノー・フィッシャーによって提起されたオーソドックスな見解にほかならない[20]。ライプニッツの予定調和説とフィヒテの絶対自我概念とのアマルガムに依拠し、「精神の自己組織化」にその成立を見るボンジーペンの見解は、「自己意識の歴史」にその成立を見るフィッシャーの見解を典型とするオーソドックスな見解から微妙にずれている（予定調和説）。フィッシャーは、他説との関連に関しては何一つ指摘せず、自己意識の歴史が語られた『概観』

第三論文の例の文言を最終的には次のように定式化している。「したがって、全自然は、最高点たる自由を目指して前進する有機化として捉えられなければならない[21]」と。

私見によれば、初期に表明され、生涯を通じて維持されたシェリング哲学の根本、確信は、「自由の概念」にある。ヘーゲル宛書簡や『自我論』で表明されているとおり、「全哲学の初めにして終わりは――自由である」(I, 177)。カント批判哲学との関連から言えば、その根本、確信もまた「自由の概念」にあった。第二批判序言にあるとおり、「自由の概念が……体系の建築全体の要石となる。……単なる理念としての……神と不死の概念も……自由の概念によって拠り所を得、客観的実在性を獲得する」(V, 4)。この点で、シェリング哲学はカント哲学の忠実な後衛にほかならない。しかしながら、カント批判哲学においては理論哲学と実践哲学、必然性と自由とは分裂していた。批判哲学は「信仰に席を確保するために知識を廃棄しなければならなかった」(第一批判第二版序言)のである。その結果が実践理性の優位、ひいては道徳神学の確立であった。このような批判哲学に対し、シェリングは、「カントは結果を与えはしたが、前提が欠けている」と批判した。そこで彼が課題としたもの、それが、「カント哲学の限界の克服」にほかならなかった(ヘーゲル宛書簡)。初期シェリングの課題とその解決をたとえば、ベーンケは、シェリングにおけるカント理論哲学(『純粋理性批判』)との取り組みと見なしているが、ブッフハイムやボンジーペンの指摘するとおり、これは的外れと言わざるをえない[22]。すでに指摘したように、ムッチュラーも「シェリング自然哲学の最終的な基礎」は「〈自由の概念〉」にあるとし、しばしば『自我論』における次のテーゼを引用していた。「自我の究極の最終目的は、自由諸法則を自然諸法則とすること、そして自然諸法則を自由諸法則とすること、すなわち自我のうちに自然を、自然のうちに自我を産出することにある」(I, 188, Anm. 2)。

カント哲学との関係におけるシェリング自然哲学の根本構想に関する解釈としてしばしば登場するのが、それの第三批判『判断力批判』との関連である。ボンジーペンもベーンケを批判しつつ、「シェリングの初期のカント受容はカントの『純粋理性批判』であるよりはむしろ『判断力批判』のほうである」(S. 150) と指摘している。シェリング自然哲学の成立と形成を第三批判との関連から説く解釈は、古くはクーノ・フィッシャーに、最近では、シュミート・コヴァルツィクに代表されるもので、ボンジーペンも後者に同調している。だが、私見では、根本構想という点で言えば、すでに指摘したとおり自由と必然との調停こそが最上位の課題であって、目的論と機械論との調停はそのもとでの下位の課題と見なすべきものである。

自然哲学の成立に関する議論として、最も信頼するに足る議論は実はすでになされていた。それは一九六七年刊のレーヴィット生誕七十年記念論集に掲載されたW・ヴィーラントの論文「シェリング哲学の始原と自然への問い」である[23]。ヴィーラントはこの問題に取り組むにあたり、「この自然哲学の個々の命題を吟味すること」より「もっと重要なのは、シェリングにとって自然哲学を構想する課題が立てられる諸前提を明らかにすることだ」(S. 238) ということを強調している。全く同感である。このような立場から、彼は「いかにして世界が道徳的存在者に対して創造されねばならないか」という問いが自然学の問いだとする『体系綱領』の問いに照準を合わせる仕方で、カントの要請論ひいてはカントの自由概念に注目しつつ、そこに、われわれをシェリング自然哲学成立問題に正しく導く通路を見出している。彼は『体系綱領』でのこの問いを「自然界が、自由が可能であるべき条件下で展示されねばならない」(S. 245) とパラフレーズしている。このようなパラフレーズが前記の筆者による自由概念への注目の方向と同方向のものであることは言うまでもない。ともあれ、ヴィーラントはこの後さらに『自我論』の「無制約者」および「知的直観」の概念を吟味した上で、『概観』における例の「自己意識の歴史」の概念の吟味に移る。彼の場合も、ここでシェリング自然哲学の構想が成立すると見なされるからである。彼の吟味によれば、ここでの「自己意識」の概念は確かにフィヒテ知識学の「絶対自我」の概念に関連しはするが、シェリングは意識の立場を離れている点で、フィヒテからは決定的に袂を分かっている。「言わば自己意識の前史を叙述しようと企てることこそ、彼の自然哲学の根本思想の一つなのである」(S. 255)。ここからさらにヴィーラントはそのまなざしを『考案』「序説」に認められる「哲学の隠された諸前提」「全知、全事の最高の原理」——フィヒテが忘れていた「諸前提」——に向ける (S. 255f.)。これすなわち、太古における人間と自然との一致という思想である。「かつて人々は (哲学的) 自然状態のうちに生きていたのだった。当時人間はなお自己自身および自分を取り巻く世界と一致していた」(II, 12)。ヴィーラントはこの文言中の「哲学的自然状態」の語に関して注を付し、これがすでに『神話論』で表明された「神話的意識」に対応していることを、注記している (S. 276, Anm. 21)。ここでまたわれわれはシェリングの古代思想への深い思い入れに出会うことになる。従来の伝統的な哲学史的解釈は、常に決まってフィヒテ知識学やカントの第三批判の有機体論との関連のみからシェリング自然哲学の成立を説いてきた。われわれはこのような一面性的な捉え方にいつまでも囚われていてはならない。筆者がことある毎に古代思想との関連を強調するのも、このためである。

なお、「カントの限界の克服」という課題に戻って、これをシェリング自然哲学の内容に即して見直してみると、シェリングはいつどのようにしてカント自然哲学を乗り越えたかという問題となる。これをボンジーペンは『考案』においてだとしている。「初期の哲学的公刊書において、シェリングはフィヒテの主観性哲学をスピノザの実体形而上学に結びつけようとした。すなわち実体を主体と考えようとした。だが、彼はライプニッツをも受け入れ、内在的予定調和の構想に到達する。彼の自然哲学の具体的な遂行にとって、カント動力学の解釈の転換は重要である。彼は『考案』において決定的にカントを乗り越える。そこで彼は物質の両根源力、引力と斥力とをわれわれの精神の本性から導出する。『世界霊』においてシェリングはカントの着想のさらなる変形に到達する」(S. 273)。このような見解に対して、筆者は批判を繰り返してきた。『考案』では、Woher-Frage（どこからという問い）すなわち「両根源力はどこから」(II, 215) という問いを立て、それを「精神の本性」(II, 222) から導出した。とはいえ、そこではなおシェリングは両根源力の種差から物質の種差を導出するというカント動力学の着想に根本から依存的であり、自然哲学的もしくは自然の力動論という観点から見れば、彼がカントを決定的に乗り越えるのは、両力を合一する「第三の力」としての「重力」の概念を確立する『第一草案』においてである、と。[24] ちなみにルドルフもシェリングによるカントの乗り越えを『考案』――ただし『考案』「序説」――だとしている。[25]『考案』「序説」は『考案』本文とは区別すべきテクストであって、これはそれよりはむしろ内容的に『世界霊』さらには『第一草案』の新たな内容と連なるものにほかならない。[26] アドルフィもルドルフ同様の混同を行っている。

カントの乗り越えの問題に関連して見落とすことのできないもう一つの問題は『考案』と『第一草案』との間には、ルサージュの原子論的自然学に対する評価の転換が認められる。前者（第二部第三章）においては、原子論的前提を悉く批判していたのだが、後者、特に『草案序説』においては、「ルサージュの機械論的自然学によって、自然学における思弁的精神は、科学的な永い眠りの後にようやく覚醒させられた」（III, 274）と、その思弁性を、「思弁的自然学」――当時自ら編集した雑誌[27]の名称にも用いた――としてのシェリング自然哲学の根本特徴として受け入れ、称揚することになる。この点を、筆者は、シェリング自然哲学におけるカント自然学およびルサージュ自然学双方に対する評価の転換と見なし、強調している。[28] ノイザーもこの点に注目し、そこにシェリング自然哲学の一つの転換点を見ている。[29]

四　その他の諸研究

ともあれ、「第三の力」としての「重力」の概念という発想は、シェリングが『ティマイオス注釈』で注目したプラトンの「絆 desmos」の思想に由来するものであるとともに、同時代の思想との関連から言えば、バーダーのそれと共通している。『ピュタゴラスの四』（一七九八年）で彼はシェリングを称賛し、彼のこの作をシェリングの刺激による旨を「まえがき」で強調している。もっとも、バーダーは、その直前のヤコービ宛書簡ではカントの試みとともにシェリング試みも酷評している。この点も含め、ツォフコ（Marie-Elise Zovko）のバーダー、シェリング研究 *Natur und Gott : Das wirkungsgeschichtliche Verhältnis Schellings und Baaders*, Würzburg 1996 は大変興味深いものである。あるいは、当時におけるエッシェンマイヤーによるシェリングの『第一草案』でのバーダー受容の不十分さという批判も興味深い(30)。

ここでエッシェンマイヤーとシェリングとの関連の問題に関する研究に触れておけば、そのようなものとして、マルクスの著書およびヤンツェンの論文がある。Ralph Marks, *Konzeption einer dynamischen Naturphilosophie bei Schelling und Eschenmayer*, München 1982 ; Jörg Jantzen, Eschenmayer und Schelling. Die Philosophie in ihrem Übergang zur Naturphilosophie, in : W. Jaeschke (Hg.), *Religionsphilosophie und spekulative Theologie. Der Streit um die Göttlichen Dinge* (*1799-1812*), Hamburg 1994, S. 74-97. マルクスの著書は、「ドイツ観念論の自然哲学の発展における重要な局面をシェリングとC・A・エッシェンマイヤーとの対立に即して提示する」（S. 2）ものである。また、これはエッシェンマイヤーの著作としては、一七九六年の学位論文および特に翌年のそのドイツ語版『自然形而上学の諸命題』に始まり、一八〇一年の論文「自発性＝世界霊」および同年の『第一草案』と『草案序説』に関する書評までを周到に扱っているのに対して、シェリングの著作のほうは、エッシェンマイヤー批判が認められる一七九九年の『第一草案』と一八〇〇年の『一般的演繹』それにエッシェンマイヤーの論文「自発性＝世界霊」でのシェリング批判に対する反批判である一八〇一年の

「自然哲学の真の概念」を扱ったに留まっている。このマルクスの著書は『第一草案』におけるシェリングの自然哲学に関してもわずかな言及に留まっているばかりか、『考案』および『世界霊』という『草案』に先立つシェリングの自然哲学的著作に言及すらなく、シェリング自然哲学に関する研究として見れば、不十分なものながら、エッシェンマイヤーとシェリング両者の対立点は十分に浮き彫りにしている。前者は自然の根本概念である物質を死せるものとして、かつ生けるものを精神的原理によって捉えるという合理主義の立場に立つのに対し、後者は有機体のみならず物質をも生けるものとして捉えているという点（S. 92ff.; S. 95f.）、言い換えると、エッシェンマイヤーは「生成の原理」を超越論哲学のみに認めるという点（S. 87）、あるいは、前者は自然を漸進化理論（Graduationstheorie）によって数学的に捉えようとした（このためにポテンツ論が活用される）のに対し、後者はこれを自然の量的把握にすぎないと批判し、質的把握を強調する（エッシェンマイヤーから継承したポテンツ論をシェリングはこのために活用する）という点（S. 39ff.; S. 93; S. 160）などである。ヤンツェンの論文は宗教哲学に関する論集への寄稿であるため、自然哲学的議論の後に、絶対者の差異化の問題を取り上げている（S. 86ff.）。

なお、他の領域、有機体論や自然史との関連では、キールマイヤーとシェリングとの関連に即した本格的な研究も最近登場している。すでに言及した Thom Buch, *Biologie und Philosophie bei C. F. Keilmeyer und F. W. J. Schelling* である。一七九三年のキールマイヤーのカールス学院講演「有機力論」はあまりにも有名だが、この研究によってわれわれはその全容に触れることができるばかりでなく（S. 43-198）、自然史の問題に関してもカント以前、カント、ビュフォンにおける自然史の捉え方に触れた上で、『概観』および『第一草案』でのシェリングの自然史概念の意義を見ることができる（S. 199-279）。この研究の著者――ブッフは先に紹介したツィッへと並ぶドイツでの若手の自然哲学研究者である――は、とりわけ『第一草案』での「自然におけるアプリオリな段階系列の導出」という課題（この課題の解決が「自然史」の構成を意味する）の構想を比較生理学と関連づけ、シェリングにあってはこれが「キールマイヤーの最初の路線を受容する」（S. 277）ものと解釈している。

自然と歴史との関係という問題に関して、この問題を主題に据えた興味深い著書がある。Joseph P. Lawrence, *Schellings Philosophie des ewigen Anfangs. Die Natur als Quelle der Geschichte*, Würzbrug 1989 である。この書は、その副題を表題とした最後の章「世界時代哲学における自然と歴史との関係」のなかで、「有機的統一がシェリング哲学全体の核心をなす」と見なし、「この統一の最高の表現が彼の三位一体論のうちに見出される」とし（S. 196）、そうしてこの三位一体論のなかで、自然は神がそこから解放されるべき当のものと見なしている。だが、このことは、ローレンスによれば「自然哲学の根本洞察の上昇と具体化」にほかならない。「真の歴史は息子によってあらゆる瞬間に開示された自然、神の自然からの解放である。……三位一体の歴史が世界の歴史である」（S. 201）。なお、ローレンスは、シェリングの自然概念をアリストテレスのそれと比較しつつ、シェリング哲学における「存在の記憶の及ばない古さ Unvordenklichkeit des Seins」という概念が「ピュシスというギリシア的概念への真の接近を示している」（S. 105）と指摘している。

著者略歴

松 山 壽 一（まつやま　じゅいち）

1948年　大阪市生まれ
1981年　立命館大学大学院文学研究科博士課程修了
1985-86年　テュービンゲン大学（旧西ドイツ）留学
1993年　文学博士（法政大学）
1995年　バイエルン科学アカデミー（ドイツ）留学
2002-03年　カイザースラウテルン大学（ドイツ）客員教授
現　在　大阪学院大学教授，ドイツ博物館科学史研究所客員研究員

著　書

『生きることと哲学すること』（北樹出版，1990年，増補改訂版1997年），『ドイツ自然哲学と近代科学』（北樹出版，1992年，増補改訂版1997年），『ニュートンとカント』（晃洋書房，1997年），『若きカントの力学観』（北樹出版，2004年），『ニュートンからカントへ』（晃洋書房，2004年），『人間と悪』（萌書房，2004年）

共編著

『自然哲学とその射程』（晃洋書房，1993年），『ドイツ観念論と自然哲学』（創風社，1994年），『シェリング読本』（法政大学出版局，1994年），『現代世界と倫理』（晃洋書房，1996年，改訂版2002年），『シェリング自然哲学とその周辺』（梓出版社，2000年），*Natur, Kunst und Geschichte der Freiheit*, Frankfurt a. M. 2000,『シェリング自然哲学への誘い』（晃洋書房，2004年）

共訳書

J. シュペック編『大哲学者の根本問題［現代Ⅲ］』（富士書店，1984年），P. プラース『カントの自然科学論』（哲書房，1991年），H. バウムガルトナー編『シェリング哲学入門』（早稲田大学出版部，1997年）

現住所　〒536-0021 大阪市城東区諏訪2-13-33

叢書シェリング入門 2

人間と自然――シェリング自然哲学を理解するために――

2004年12月25日　初版第1刷発行

著　者　松 山 壽 一

発行者　白 石 徳 浩

発行所　萌《きざす》 書 房

〒630-1242　奈良市大柳生町3619-1
TEL（0742）93-2234 / FAX 93-2235
[URL] http://www3.kcn.ne.jp/~kizasu-s
振替　00940-7-53629

印刷·製本　共同印刷工業・藤沢製本

ISBN4-86065-014-X

注

各全集からの引用は巻数をローマ数字，ページ数をアラビア数字で指示して行う。

F. Bacon, *Works*, ed. by J. Spedding et al. 14 vols., London 1857-74.

Oeavres de Descartes, publ. par Ch. Adam & P. Tannery, 12 tom. Paris 1897-1913.

B. D. Spinoza, *Ethica*, in: *Spinoza Opera* Tome II, hrsg. von C. Gehhardt, Heidelberg 1924.

G. Herder, *Werke*, hrsg. von M. Bollacher u. a., Frankfurt a. M., 1985-2000.

Die philosophischen Schriften von G. W. Leibniz, hrsg. von C. J. Gerhardt, 7 Bde., Berlin 1875-1890.

I. Kant's gesammelte Schriften. hrsg. von der Königlich Preußischen Akademie der Wissenschaften, Berlin 1910ff.

G. F. Fichtes sämmtliche Werke, hrsg. von I. H. Fichte 8 Bde., Berlin 1845-1846.

F. W. J. Schellings sämmtliche Werke, hrsg. von K. F. A. Schelling, 14 Bde., Stuttgart / Augsburg 1856-1861.

F. W. J. Schelling, *Historisch-Kritische Ausgabe*, hrsg. von H. M. Baumgartner u. a., Stuttgart 1976ff.（AA と略記）

第一章

（1） この点，次の論考の次の箇所をも参照。松山壽一・加國尚志編『シェリング自然哲学への誘い』（晃洋書房，2004年）第５章（北澤恒人）「理念における存在者の学」pp. 119-123。

（2） 同上。

（3） 前掲編著第８章（浅沼光樹）「もうひとつのエコソフィーを求めて——ディープ・エコロジーとシェリングの自然哲学」pp. 207-208 参照。

（4） 前掲編著第９章（板井孝壱郎）「シェリングの医学思想」p. 220。

（5） 前掲編著第10章（加國尚志）「シェリングと身体の問題」p. 246。

（6） 同上 p. 252。

（7） 前掲編著でこの問題を周到に論じているのが第７章（河本英夫）「自己組織化とオートポイエーシス」である。

（8） D. v. エンゲルハルト（岩波哲男他訳）『啓蒙主義から実証主義に至るまで

の自然科学の歴史意識』（理想社，2003年）は，この問題について考える上で格好の手がかりを提供してくれる好著である。

（9） 拙稿「ニュートン自然哲学における実証と思弁」加藤尚武・松山壽一編『科学技術のゆくえ』（ミネルヴァ書房，1999年）参照。なお，加藤尚武『価値観と科学／技術』（岩波書店，2001年）pp. 25-29には，拙稿での立論が肯定的に引用，紹介されている。

（10） 語の本来の意味においては，思弁的すなわち「スペクラティーフとは，『高い所（specula）』から『見渡す（speculari）』とともに，全体を映し出す『鏡（specurum）』に徹する『探求的・考究的』な哲学態度を表している」。渡邊二郎「自然と歴史」『シェリング年報』第10号（晃洋書房，2002年）p. 13。シェリングは彼自身の自然哲学を「思弁的自然学」と呼ぶが，それはこのような語の本来の意味すなわち積極的な意味としてである。彼はこのような積極的な用法をスイスの自然学者ルサージュから受容している。この点，拙著『ドイツ自然哲学と近代科学』（北樹出版，1992年）pp. 270-271（＝増補改訂版，1997年，pp. 290-291）参照。なお，思弁的な自然学と経験的な自然学との関連に関する研究は Hans-Dieter Mutschler, *Spekulative und empirische Physik. Aktualität und Grenzen der Naturphilosophie Schellings*, Stuttgart/Berlin/Köln 1990. この研究の内容を本書第３章第１節で紹介する。

（11） 山本義隆『重力と力学的世界』（現代数学社，1981年），同『古典力学の形成』（同，1997年）参照。

（12） トーマス・クーン（中山茂訳）『科学革命の構造』（みすず書房，1971年）第４章「パズル解きとしての通常科学」参照。クーンの科学革命論の功績は，科学革命論そのものに留まらず，革命期，変革期ではない通常の時期における科学研究（「通常科学 normal science」）のあり方に注目し，それを「パズル解き」として特徴づけたことにある。「そこでテストされ，困難に陥るのは，現行理論ではなく，科学者の才能，科学者自身なのである」拙著『科学・芸術・神話』（晃洋書房，1994年）p. 18（＝増補改訂版，2004年，p. 60）。

（13） ニュートン自然哲学における実証と思弁との関連については，拙著『ニュートンとカント』（晃洋書房，1997年）第１-２章に詳しい。

（14） 前掲拙著『ドイツ自然哲学と近代科学』p. 101，注47がその初め（初出1981年）。

（15） この点，前掲拙著『科学・芸術・神話』pp. 19-25（＝増補版改訂 pp. 61-67）で詳論した。

(16)　シェリングおよびレオンベルク，ベーベンハウゼン，テュービンゲンの小史について，『シェリング年報』のタイトルページ用の拙文（グラヴィア解説）参照。『年報』第6号（1998年），第7号（1999年），第8号（2000年）。

(17)　シェリングの処女作の内容を詳論したのが，本書の姉妹篇『人間と悪』（萌書房，2004年）第1章「若きシェリングと悪の問題」である。

(18)　前掲拙著『科学・芸術・神話』pp. 144-146（＝増補改訂版 pp. 130-133）参照。

(19)　Vgl. Detlev von Usler, Aktualität Schelligs für Tiefenpsychologie und Psychotherapie, in: Ludwig Hasler (Hg.), *Schelling*, Stuttgart-Bad Cannstatt 1981. 深層心理学との連関とは異なるが，現象学の観点からシェリング自然哲学の自然概念の意義を際立たせようとする興味深い試みもある。新田義弘「意識と自然」『シェリング年報』創刊号（1993年）pp. 18-27。加國尚志『自然の現象学』（晃洋書房，2002年）第2章第3節。

(20)　前掲拙著『人間と悪』p. 40 参照。

(21)　Hermann Krings, Natur als Subjekt. Ein Grundzug der spekulativen Physik Schellings, in: R. Heckmann et al. (Hg.), *Natur und Subjektivität*, Stuttgart-Bad Cannstatt 1995. 西川富雄『続・シェリング哲学の研究』（昭和堂，1994年）第6章。

(22)　日本哲学会の企画した共同討議の第一弾「自然哲学の現代的意義」での筆者の提題「自然哲学のアクテュアリティ」『哲学』第44号（1994年）pp. 48-49（＝前掲拙著『ドイツ自然哲学と近代科学』増補改訂版，pp. 264-267）参照。

(23)　筆者が以前試みた概観（初出1990年）は，シェリング自然哲学の全体を歴史，進展，力動という三つの観点から捉えている（前掲拙著『ドイツ自然哲学と近代科学』第6章）。「シェリング自然哲学の基本構造」を論じた北澤恒人の論考（伊坂・長島・松山編『ドイツ観念論と自然哲学』創風社，1994年）は，西川富雄「シェリングのイデアリスムスと存在論」（講座『ドイツ観念論』第4巻，弘文堂，1990年）で提起された「全き全自然史的体系」としてシェリング自然哲学を捉える捉え方に倣っている。これらに共通しているのは，歴史としての自然という捉え方であり，このような観点からシェリング自然哲学を捉えるいま一つの試みとして次の研究を挙げておくべきであろう。J. P. Lawrence, *Schellings Philosophie des ewigen Anfangs*, Würzburg 1989. なお，北澤・長島・松山編『シェリング自然哲学とその周辺』（梓出版社，2000年）所収の二つの総論がシェリング自然哲学全体を総括している。西川富雄「シェリング自然哲学のパースペクティヴ」，J. ヤンツェ

ン「自然の哲学」。

(24) 前掲拙著『人間と悪』の第1章および特に第2章がこれを詳細に論じている。

(25) 注27参照。

(26) シェリングの学位論文の内容について詳しくは，前掲拙著『人間と悪』第1章参照。

(27) Michael Franz, *Schellings Tübinger Platon-Studien*, Göttingen 1996 がその詳細な研究である。われわれはこの研究によって初めて，テュービンゲン時代におけるシェリングのプラトン研究の全容を知ることができるようになった。

(28) 筆者は，シェリングの『ティマイオス注釈』の自然哲学との関連について，1995年10月ミラノ大学で開催された国際シェリング協会大会で講演した。Vgl. Juichi Matsuyama, Die Vereinigung des Entgegengesetzten. Zur Bedeutung Platons für Schellings Naturphilosophie, in : R. Adolphi / J. Jantzen (Hg.), *Das antike Denken in der Philosophie Schellings*, Schellingiana, Bd. 11, Stuttgart 2004, S. 51-76.

(29) 「さらにわれわれは，プラトンが全世界を生きもの（Zoon）すなわち有機的実在と見なしたことを想起しなければならない。この実在の諸部分は全体との関係によってのみ可能となり，互いに手段と目的として関係し合い，自己を形式面からも結合面からも互いに産出し合う」。シェリングはこのように記して，カント『判断力批判』第65節の参照を求めている。Hermut Buchner (Hg.), *F. W. J. Schelling "Timaeus" (1794)*, Schellingiana, Bd. 4, Stuttgart-Bad Cannstatt 1994, S. 33. 以下，『ティマイオス注釈』からの引用，参照はこの書から *Tim.* の略記を用いて行う。前掲拙稿 Die Vereinigung des Entgegengesetzten, Schellingiana Bd. 11, S. 61-62 参照。

(30) 前掲拙著『ドイツ自然哲学と近代科学』pp. 177-178 参照。

(31) 詳しくは，前掲拙著『科学・芸術・神話』pp. 147-149（＝増補改訂版 pp. 133-135）参照。

(32) Birgit Sandkaulen-Bock, *Ausgang vom Unbedingten*, Göttingen 1990, S. 26 が最初にこのことを強調し，以後，多くの研究者がこれを支持しこれに倣っている。たとえば，Haltmut Kuhlmann, *Schellings Früher Idealismus*, Stuttgart / Weimar 1993, S. 86-87 ; Yoichi Kubo, Die Begründung des Daseins der Welt beim frühen Schelling, in : Juichi Matsuyama / Hans Jörg Sandkühler (Hg.), *Natur, Kunst und Geschichte der Freiheit*, Frankfurt a. M. 2000, S. 29-30.

(33)　注29参照。

(34)　ティリエットは，シェリングによる知的直観の受容をフィヒテの『エーネシデモス批評』に由来するものと推測している。X. Tilliiette, Der Nachkantianer und die intellektuelle Anschauung, in : *Berliner Schelling Studien*, Heft 1 (2000), S. 20.

(35)　たとえばムッチュラーは，シェリング自然哲学の根本原理を「自由としての自然 Natur als Freiheit」のうちに見出し，この原理が「シェリングの著作の様々な鋳造すべてを通じて維持される」ことを強調している。とりわけ，ここ『自我論』に関して「シェリング自然哲学の最終的な基礎」は「〈自由の概念〉」にあるとして，同じ文章を引用している。H.-D. Mutschler, a. a. O., S. 129. 本書 p. 106 をも参照。

(36)　この時期（1795年）のシェリングにおけるスピノザ受容については以下の拙論で詳述した。「スピノチストとしてのシェリング」『人文自然論叢』第33・34号（1996年）pp. 9-41。なお，スピノザの哲学とシェリング自然哲学との関連についての研究としては K.-J. Grün, *Das Erwachsen der Materie*, Zürich/New York 1993 がある。

(37)　シェリングの捉え方も類似のものであった。「グノーシス主義の源となった知性体系は特に二つの違ったものに区別されるであろう。Ⅰ．一つは比較的純粋なオリエントの体系で，それは感覚で捉えられる世界を知性で捉えられる世界の模造と見なしている。……Ⅱ．いま一つはユダヤ人のかなり極端な体系で，これは英知的世界そのものを感覚的世界の産物で満たそうとするものである。」ベルリン・アカデミー所蔵のシェリング遺稿の一節。Vgl. M. Franz, Die Bedeutung antiker Philosophie für Schellings philosophische Anfänge, in : H. J. Sandkühler (Hg.), *F. W. J. Schelling*, Stuttgart/Weimar 1998, S. 59. 邦訳（松山壽一監訳『シェリング入門』（仮題）昭和堂近刊，第3章第3節）参照。

(38)　Vgl. M. Franz, Die Bedeutung antiker Philosophie [...] in : H. J. Sandkühler (Hg.), a. a. O., S. 56-57. 前掲邦訳第3章第2節参照。なお，他にグノーシス主義さらに新約聖書の正典化のなかでマルキオンが果たした歴史的役割およびマルキオンとその批判者エイレナイオス，テルトゥリアヌスについては田川建三『書物としての新約聖書』勁草書房，1997年，pp. 52-76, 135-145, 153-154 参照。

(39)　前注38参照。

(40)　J. Matsuyama, Schelling und Nishida. Nah und Fern beider Denker, in : E. Hahn (Hg.), *Schelling und Nishida*, Berlin (im Druck). 後藤正英によ

るベルリン・コロキウム報告「シェリングと西田——脱自における西と東」『シェリング年報』第12号）をも参照。

(41) K. Fischer, *Schellings Leben, Werke und Lehre*, 3. Aufl. Heidelberg 1902, S. 307f. におけるテーゼがシェリング自然哲学の成立を「自己意識の歴史」の構想のうちに見る代表例である。ただ，フィヒテとシェリングの歴史概念は異なっている。この点，次の諸文献を参照。E. Cassierer, *Das Erkenntnisproblem in der Philosophie und Wissenschaft der neueren Zeit*, Berlin 1931, Bd. 3, S. 240; W. Schulz, Einleitung zum *Fichte-Schelling Breifwechsel*, Frankfurt a. M. 1968, S. 33.

(42) ここに，藤田正勝（『若きヘーゲル』創文社，1986年，p. 126 以下）はシェリング自然哲学の成立を見ている。以下，本文に述べるように，フィヒテ知識学に加えて，ライプニッツやプラトンの説をも成立問題に絡めるべきだというのが，以前に提起した拙論である（前掲拙著『ドイツ自然哲学と近代科学』pp. 158-161）。

(43) Vgl. P. Ziche, *Pfleriderer Physik*, Stuttgart-Bad Cannstatt 1994; AA I, 5, S. 26-27.

(44) 筆者の最初の自然哲学論文すなわち1981年夏に『立命館文学』に掲載された博士課程単位修得論文「『自然の無力』またはヘーゲルにおける自然」（その後1992年刊の前掲拙著『ドイツ自然哲学と自然科学』に所収）以来，シェリングの *Ideen* を『考察』と表記し続けてきた。

(45) *Herder Werke in zehn Bänden*, Bd. 6, S. 11. 新しい著作集の第 6 巻に付された注釈では，ヘルダーのこの書のタイトルにおける *Ideen* がプラトン的な「原像」でも，カント的な純粋統制的な理性概念でもなく，諸表象，諸思想，諸概念，意図，所見を意味し，その由来をヴォルテールの「歴史の哲学 Philosophie de l'histoire」に求めている。Ebd., S. 946.

(46) この問いの特別な意義については，前掲拙稿 Vereinigung des Entgegengesetzten, Schellingiana, Bd, 11, S. 65-69. およびもう一つの拙稿 Mechanisch versus Dynamisch. Zur Bedeutung des dynamischen Naturverständnisses und zum Vergleich der Materiekonstruktion bei Kant und Schelling, in: J. Matusyama / H. J. Sandkühler (Hg.), a. a. O., S. 56-61 参照。

(47) ヘルダーに似てシェリングも「類比 Analogie」の概念を多用しているが，後に考察する『力動過程の一般的演繹』（1800年）以降では，「ポテンツ」概念の使用によって，その多用は影をひそめることになる。これは自然哲学の体系構成原理の確立を意味する。ヘルダーの類比概念については次の研究を参照。B. M Dreike, *Herders Naturauffassung in ihrer Beeinflussung*

durch Leibniz' Philosophie, Wiesbaden 1973., S. 70-71. R. T. Clark, Jr., Herder's Conception of "Kraft," in : *Publications of the Modern Language of America*, Vol. 43-1 (1928), pp. 737-752. なお，ヘルダーとシェリングの自然哲学の類似と相違については拙稿 Herder und Schelling. Zur Naturphilosophie beider Denker, in : *Heder-Studien*（日本ヘルダー学会誌）, Bd. 10 (im Druck).

(48)　M. Durner がこのことを指摘している。AA I, 5（*Historisch-Kritische Ausgabe*, Reihe I, Bd. 5), S. 16. ただし，彼は当「序説」を『世界霊』とのみ関連づけている。なお，当「序説」の綱領的意味合いに鑑みて，来年刊行予定のシェリング著作集第1巻『自我と自然の哲学』（燈影舎）に全訳（浅沼光樹訳）を収める。

(49)　表象一元論とその理論的射程についてベラバルが見事に論じている。Y. Beraval, la perception, in : *Etudes leibniziennes. De Leibniz à Hegel*, Paris 1976, pp. 142-171.

(50)　この著作のいわゆる近代科学との対比における意義については，前掲拙著『ドイツ自然哲学と近代科学』増補改訂版 pp. 267-269（=『科学・芸術・神話』増補改訂版 p. 19-21）参照。

(51)　ニュートンのエーテル仮説については，前掲拙著『ニュートンとカント』第2章，エーテル概念とシェリング自然哲学との関連については拙論（2002年10月ベルリン・フンボルト大学での講演）Kraft und Äther. Schellings Annäherung am Äthergedanke Newtons, in : *Berliner Schelling Studien*, Heft V（im Druck）参照。

(52)　前掲拙稿 Mechanisch versus Dynamisch, in : a. a. O., S. 58-60 参照。

(53)　「対立した素因が一つの物質のうちに合一されている」。これらが「両極性」もしくは「普遍的二元性」をなす（II, 476)。

(54)　シェリングとイェーナの小史については，『シェリング年報』第9号（2001年）の拙文（グラヴィア解説）参照。またイェーナの当時における思想的役割についてはたとえば次の大著がある。F. Strack (Hg.), *Evolution des Geistes : Jena um 1800*, Stuttgart 1994. あるいは石崎宏平『イエナの悲劇』（丸善ブックス，2001年）も興味深い読み物である

(55)　前掲拙稿 Mechanisch versus Dynamisch, in : a. a. O., S. 66-68. 参照。

(56)　この点でシェリングはライプニッツと立場を異にしている。周知のとおり，ライプニッツは前成説を支持する代表的な論客にほかならなかった。にもかかわらず，シェリングは自身の自然哲学をライプニッツの観念論（＝モナドロジー）と同定している（III, 453)。この点，前掲拙著『ドイツ自然哲学と

近代科学』pp. 186-187 参照。

(57) 同書 p. 169 では，「進展」概念をカントの『自然科学の形而上学的原理』「動力学への総注」における力動論と結びつけただけであった。

(58) 前掲拙稿 Herder und Schelling, Abschnitt III 参照。

(59) C. F. Kielmeyer, *Ueber die Verhältniße der organischen Kräfte* [...], Stuttgart 1793, S. 35.

(60) ヴィルヘルム・G. ヤーコプス（福井雅美訳）「自然と無制約性」（『シェリング年報』第 7 号，1999年）は，特にカントの「無制約性」概念との連関を重視する。

(61) この特徴づけは『世界霊』に関しても妥当するであろう。M. L. Heuser-Keßler, *Die Produktivität der Natur*, Berlin 1986 は『世界霊』の自然概念を今日の自己組織化論の先駆と見なした。この点については，前掲拙稿「自然哲学のアクテュアリティ」pp. 53-56（＝前掲拙著『ドイツ自然哲学と近代科学』増補改訂版 pp. 272-276）参照。

(62) S. ペーツは，「反省性」と「産出性」との対立の問題を，興味深いことに『時代論（世界の諸時代』（第 1 草稿1811年）の「弁証法」と「語り」の対立の問題に引き続くものとして論述している。S. Peetz, Produktivität versus Reflexivität. Zu einem methodologischen Dilemma in Schellings *Weltaltern*, in : J. Sandkühler (Hg.), *Weltalter —— Schelling im Kontext der Geschichtsphilosophie*, Hamburg 1996, S. 73-88.

(63) W. G. ヤーコプスもシェリングの自然概念解説をもっぱら『草案序説』に依拠して行っている。W. G. Jacobs, Schelling im Deutschen Idealismus. Interaktion und Kontroversen, in H. J. Sandkühler (Hg.), a. a. O., S. 69-73. 前掲松山監訳『シェリング入門』（仮題）第 4 章第 2 節。なお，当『序説』は前掲シェリング著作集第 1 巻『自我と自然の哲学』に全訳（後藤正英訳）を掲載予定。

(64) すでに引用したとおり，1795年 2 月 4 日付ヘーゲル宛書簡で，シェリングは「ぼくはスピノザ主義者になった」と宣言していた。『自我論』や『哲学的書簡』が世に出た1795年という年は，彼によるスピノザ説への接近の顕著な年であった（拙稿「スピノチストとしてのシェリング——シェリングのスピノザ受容（1795年）」『人文自然論叢』1996年12月，pp. 1-41 参照）。ただ，本章の考察の最初（第一節）に注目したとおり，1797年（内容としては『概観』，宣言としては『考案』「序説」）以降では彼はライプニッツ説へと自己の立場を転換させている。だが，1799年の『草案序説』になると，彼は再び自己の立場としてスピノザ主義を標榜するに至っている。「折衷」という非

難の他にも，変わり身の早さという点で「プロテウス」という非難もまたしばしばシェリングに向けられる。これを他説への無節操な受容と見てしまえばそれまでだが，あくことなく自説を練り上げ練り直していこうとする創造的鋭意の発露と見なすことも可能であろう。ただそれはそれとして，ここではなお，こうした事情がつきまとうだけに他説との関連におけるシェリング評価には注意を要するという点を強調しておこう。

(65) スピノザ『エチカ』第1部第16節（以下同様の要領で引用する)。*Spinoza Opera*, Tom. II, hrsg. von C. Gebhardt, Heidelberg 1925.

(66) 平尾昌宏「スピノザの自然思想」『理想』649号（1992年）p. 46 参照。

(67) W. Neuser, *Natur und Begriff. Zur Theoriekonstruktion und Begriffsgeschichte von Newton bis Hegel*, Stuttgart, Weimar 1995 もルサージュ評価の転換に注目している。

(68) 前掲拙著『科学・芸術・神話』pp. 174-177（＝増補改訂版 pp. 186-189）がこの点について論じている。なお，拙稿「シェリングのアクチュアリティ——自然・国家・神話」西川富雄監修『シェリング読本』(法政大学出版局，1994年）をも参照。

(69) この点，筆者は機会ある毎に詳論した。前掲拙著『ドイツ自然哲学と近代科学』pp. 176-179。前掲拙稿 Mechanisch versus Dynamisch, in : a. a. O., S. 56-61.

(70) 『思弁的自然学雑誌』*Zeitschrift für spekulative Physik* は，以前オルムス社から復刻版が出ていたが，最近（2001年)，M. Durner の編集した新版がフェリックスマイナー社の哲学文庫（PhB, Bd. 524,）に入って格段に読みやすくなった。編者 Durner の解説もすこぶる明快である。

(71) ポテンツ概念については，注76で注釈する。

(72) ここで再び同一哲学との関連に触れておけば，誰しも気づくように，シェリングによるその根本原理「絶対的同一性」の図式化（*Darstellung*, §46）は，磁石の図式化をモデルとしてなされているとされる場合が多い。クーノ・フィッシャー（*Schellings Leben, Werke und Lehre*, a. a. O., S. 358）に示唆されつつ，フィロネンコも次のように指摘している。「シェリングの図式の大部分は磁石に象って示される」(野田又夫監訳)。シャトレ哲学史V『哲学と歴史』(白水社，1976年）p. 155 注80。だが，そこで用いられる鍵概念「平衡」「無差別点」等は，むしろ梃子の原理に関連する用語である。ツィッヘがこの点，適切な捉え方をしている。P. Ziche, *Mathematische und naturwissenschaftliche Modelle in der Philosophie Schellings und Hegels*, Stuttgart Bad Cannstatt 1996, S. 12. 本書 pp. 104-105 をも参照。

(73) 注53参照。

(74) D. Bernoulli, *Hydrodynamik;* A. Brugmann, *Philosophische Versuche über die magnetische Materie;* Ch.-A. Coulomb, Abhandlung über die Magnetismus, in : *Neues Journal der Physik*, Bd. 2-1, 3-1, hrsg. von Fr. A. C. Gren, 1795 ; J. Ch. Erxleben, *Anfangsgründe der Naturlehre*, 1794.

(75) 「あらゆる真の構成は発生的でなければならない」。それは「物質概念の単なる分析によっては」不可能である（§30 : IV, 25）。

(76) ポテンツとは，元来は，冪乗を意味する数学用語なのだが，これをシェリングはエッシェンマイヤー（A. C. A. Eschenmeyer, 1768-1852）に倣って，自然学に拡張して用いている。エッシェンマイアーは物質の度合を無限大と無限小を両極とする（その中間点が potenzlos すなわちゼロ）「諸々のポテンツ Potenzen」によって示すことを試みていた（*Säze aus der Natur-Metaphysik ...*, Tübingen 1797, S. 11f.)。Vgl. dazu M. Durner, Theorie des chemischen Prozesses, in : *F. W. J. Schelling. Ergänzungsband zur Werke Band 5 bis 9*, Stuttgart Bad Cannstatt 1994, S. 44 - 48 ; Fr. Moiso, Magnetismus, Elektrizität, Galvanismus, in : a. a. O., S. 216-218 ; 長島隆「シェリングの『ポテンツ』論」『日医大基礎科学紀要』第 9 号（1988年）。

(77) 前掲拙著『ドイツ自然哲学と近代科学』pp. 176-179 および二つの前掲拙稿 Die Vereinigung des Entgegengesetzten, in : a. a. O., S. 65-69, ; Mechanisch versus Dynamisch, in : a. a. O., S. 56-61 参照。

(78) 北澤恒人「シェリング自然哲学における光と重さ」(『理想』649号，1992年所収）は『草案序説』における論述を中心に光と重さという対概念をシェリング自然哲学の根本原理として考察している。

(79) E. Cassierer, a. a. O., S. 273.

(80) D. v.. Engelhardt, *Hegel und die Chemie*, Wiesbaden 1976, S. 74.

(81) Vgl. Fr. Moiso, Magnetismus, Elektrizität, Galvanismus, in : a. a. O., S. 170. ドゥルナーは，温めることによる電気の発生という説を，デュフェの説であるよりはむしろエピウス（U. Th. Aepius, 1724-1802）の説と推定している。PhB, Bd. 524a, S. 223.

(82) Vgl. M. Durner, Theorien der Chemie, in : a. a. O., S. 108-114.

(83) ガルヴァニスムスについては，Fr. Moiso, Magnetismus, Elektrizität, Galvanismus, in : F. W. J. Schelling. Ergänzungsband, a. a. O., S. 165ff. bes. S. 320ff. 長島隆「シェリングとガルヴァニスムス」(前掲『シェリング自然哲学とその周辺』第 8 章）参照。

(84) Johann Wilhelm Ritter（1776 - 1810), *Beweis, dass ein beständiger*

Galvanismus den Lebensprozess in dem Tierreich begleite, Weimar 1798.

(85) シェリングによる有機体の三機能の説明はカール学院講演におけるキールマイヤーの説に従っている。C. F. Kielmeyer, *Ueber die Verhältniße der organischen Kräfte* [...], Stuttgurt 1793. なお以下の諸研究を参照。三機能に関わる歴史について―― Jörg Jantzen, Physiologische Theorie, in : F. W. J. Schelling. Ergänzungsband, a. a. O, S. 475ff. これらとシェリングおよびヘーゲル説との関連について――板井孝一郎「有機体における三つの機能特性をめぐって」(『シェリング年報』第6号，1998年)。シェリングにおけるキールマイヤー受容について―― T. Buch, *Biologie und Philosophie bei C. F. Kielmeyer und F. W. J. Schelling*, Schellingiana Bd. 12, Stuttgart-Bad Cannstatt 2001.

(86) エッシェンマイヤーとシェリングの相違については，以下の研究を参照。R. Marks, *Konzeption einer dynamischen Naturphilosophie bei Schelling und Eschenmayer*, München 1982 ; Jörg Jantzen, Eschenmayer und Schelling. Die Philosopphie in ihrem Übergang zur Nichtphilosophie, in : W. Jaeschke (Hg.), *Religoionsphilosophie und speculative Theologie. Der Streit um die Göttlichen Dinge* (*1799 - 1812*), Hamburg 1994.

(87) この問題についてW. シュルツが解説している。座小田・後藤訳『フィヒテ - シェリング往復書簡』法政大学出版局，1990年，p. 41 以下参照。

(88) 前掲拙稿「スピノチストとしてのシェリング」p. 19 参照。

(89) 隈元忠敬『フィヒテ「全知識学の基礎」の研究』(渓水社，1976年) pp. 18-20 参照。

(90) 前掲拙著『ドイツ自然哲学と近代科学』pp. 141-145 参照。

(91) 詳しくは前掲拙著『科学・芸術・神話』pp. 19-22 (＝増補改訂版 pp. 61-65) 参照。

(92) 詳しくは同上 pp. 23-25 (＝増補改訂版 pp. 65-67) 参照。

(93) 北澤恒人「理念における存在者の学」松山・加國編前掲書 pp. 119-123 参照。

第二章

(1) Vgl. Steffen Dietzsch, *Friedrich Wilhelm Joseph Schelling*, Köln 1987, S. 110. この書は，シェリングの生家の写真やテュービンガーシュティフトのリトグラフはむろんのこと，彼の没した東スイスの保養地バート・ラーガツや Dem ersten Denker Deutschlands の銘の入った墓碑の写真等々，多くの挿絵入りの伝記として楽しめる。記述も情報豊富。

（2） Vgl. Hans Jörg Sandkühler, *Friedrich Wilhelm Joseph Schelling*, Stuttgart 1970 (Sammlung Metzler 87), S. 13ff. Vgl. auch Christoph Wild, *Reflexion und Erfahrung. Eine Interpretation der Früh- und Spätphilosophie Schellings*, Freiburg / München 1968, S. 147-151.

（3） Karl Jaspers, Schellings Größe und sein Verhängnis, in: *Studia Philosophica*, Bd. 14. Verhandlungen der Schelling-Tagung in Bad Ragaz (Schweiz) vom 22. bis 25. September 1954, Basel 1954, S. 12-38. 周知のとおり，記念祭での報告の後，これを増補した独立の著書が刊行されている。Karl Jaspers, *Schelling. Größe und Verhängnis*, München 1955.

（4） Walter Schulz, Die Vollendung des Deutschen Idealismus in der Spätphilosophie Schellings, in: *Studia Philosophica*, Bd. 14, S. 239-255. ヤスパースの場合同様，これを発展させた，同名の著書が刊行された（W. Kohlhammer Verlag, Stuttgart 1955. 現在の新版は Verlag Günter Neske, Pfulingen 1975)。

（5） 西川富雄「シェリング百年祭にちなんで」(『立命館文学』第127号，1955年)，「H. フールマンスの後期シェリング研究」(同第142号，1957年)。いずれも『シェリング哲学の研究』（法律文化社，1960年）に補論Ⅰ「シェリング研究の現況」として収められている。

（6） 1981年と1985年に二回の国際大会それぞれの報告集が刊行された。L. Hasler (Hg.), *Schelling. Seine Bedeutung für eine Philosophie der Natur und der Geschichte*, Stuttgart-Bad Cannstatt 1981; R. Heckmann et al. (Hg.), *Natur und Subjektivität, Zur Auseinandersetzung mit der Naturphilosophie des Jungen Schelling*, Stuttgart-Bad Cannstatt 1985. 以下，これらからの引用および指示は前者をA，後者をBと表記し，その後にページ数を記して行う。

（7） 小著『自然哲学大系草案序説』(*Einleitung zu dem Entwurf eines Systems der Naturphilosphie*, 1799）および彼自ら主宰した雑誌『思弁的自然学雑誌』(*Zeitschrift für spekulative Physik*, Jena und Leipzig）所収の以下の諸論稿から。雑録としての「若干の一般的考察」(Einige allgemeine Betrachtungen, in: a. a. O., Bd. 1 Heft 2, 1800)，「個々の覚書」(Einzelne Bemerkungen, in: a. a. O.)，あるいはまた，シュテフェンスの雑誌論稿に対する反論としての「自然哲学の真の概念」(Anhang zu dem Aufsatz des Herrn Eschenmeyer betreffend den wahren Begriff der Naturphilosophie ... 1801)，さらにその上に『学術研究法に関する講義』(*Vorlesungen über die Methode des akademischen Studiums*, 1803）など。

（8） Evolutionの語義については拙著『ドイツ自然哲学と近代科学』（北樹出版，1992年，増補改訂版1997年）第6章第2節参照。

（9） 前掲拙著第8章第3節参照。

（10） 前掲拙著第9章第4節，第5節参照。

（11） なおシュミート・コヴァルツィク（Wolfdiedrich Schmied-Kowarzik）が今日の生態論論争に対するシェリング自然哲学の意義を独立に問題にしている（B, 373-389）（この生態論論争については，服部健二『歴史における自然の論理』（新泉社，1990年）pp. 204-214をも参照）。

（12） Dietrich von Engelhardt, A, 77-98; B, 39-57. Ein führendes Referat zur Romantik im Spannungsfeld von Naturgefühl, Naturwissenschaft und Naturphilosophie, in: R. Brinkmann (Hg.), *Romantik in Deutschland. Ein interdisziplinäres Symposion*, Stuttgart 1978, S. 167-174. Bibliographie der Sekundärliteratur zur romantischen Naturforschung und Medizin 1950-1975, in: a. a. O., S. 307-330. *Hegel und die Chemie. Studie zur Philosophie und Wissenschaft der Natur um 1800*, Stuttgart 1976. *Historisches Bewußtsein in der Naturwissenschaft von der Aufklärung bis zum Positivismus*, Freiburg / München 1979. その後邦訳が刊行された。D. v. エンゲルハルト（岩波哲男他訳）『啓豪主義から実証主義に至るまでの自然科学の歴史意識』（理想社，2003年）。

（13） Vgl. D. v. Engelhardt *Hegel und die Chemie*, Kap. 1, S. 5-30.

（14） Vgl. D. v. Engelhardt *Historisches Bewußtsein* ..., S. 9ff., 105ff.

（15） 筆者の概念史的研究はこの方向を深化したものにほかならない。その成果は邦文のものとしては前掲拙著『ドイツ自然哲学と近代科学』以外では『ニュートンとカント』（晃洋書房，1997年），『若きカントの力学観』（北樹出版，2004年），『ニュートンからカントへ』（晃洋書房，2004年）等。なお筆者による哲学史批判として前掲拙著『ドイツ自然哲学と近代科学』p. 119および拙著『科学・芸術・神話』（晃洋書房，増補改訂版2004年），pp. 155-156参照。

（16） この点を詳しく扱ったのが前掲のD. v. Engelhardt, B, 39-57. また，この点に関連した諸報告は前掲のToellner, A, 117-128およびHans Querner, A, 139-143.

（17） この点に関する立ち入った研究がDurner, B, 15-38.

（18） この点を固有に論じたのが前掲Tsouyopoulos, A, 107-116, B, 265-290.

（19） Ebd. すでに言及したとおり，ツーヨプーロスの報告のうち，第二回大会におけるそれ（B, 265-290）はシェリングの疾病概念の形成に力点が置かれ

ているが，第一回大会におけるそれ（A, 107-116）は包括的，全体的で，治療法の問題に関する考察を含んでいる。

(20) すでに見たとおり，カニットシャイダーの報告（B, 239-263）は，電気理論の発展に関する記述を含んでいるが，すでに指摘したとおり，その周到な科学史的考察はモイゾーによってなされている。彼の第二回大会の報告（B, 59-97）における科学史的考察は，電気理論の発展を対象とするだけでなく，それと密接に関連する化学の発展をも対象としている。シェリング自然哲学の体系構成における両者の位置づけの変遷を跡づけるには，それが不可欠であったためである。なお彼は第一回大会において，その予備的考察を行っている（A, 153-159）。

(21) この点を科学論的に固有に論じたのが，本文冒頭で見たポーザーの報告（A, 129-138）である。

(22) 第二部門では，クリングス，マイヤーのほかにキンマール（Heinz Kimmerle），デュージング（Klaus Düsing），ラウト（Reinhard Rauth）が報告を行っている。キンマールの報告「知性は精神にあらず」（B, 157-180）は，1800年の『超越論的観念論の体系』（*System des transzendentalen Idealismus*）における知性論について論じたもので，自然哲学についてはそれとの関連でのみ触れられる。デュージングの報告「自然の目的論」（B, 187-210）は，カントの自然目的論をシェリングにおけるその受容と展開を含めて論じている。デュージングはカントの自然目的論をきわめて高く評して，それが有機体の観念論的形而上学に対して実りをもたらすものであっただけでなく，それが含んでいる批判的構想の面は，現代自然科学の観点（たとえばモノー（Jacque Monod）の Téléonomie）から見てもなお有効性を保持している，としている。特に後者について，筆者はそれを独立の主題として論じたことがある。前掲拙著『ドイツ自然哲学と近代科学』第2章参照。フィヒテの知識学における自然哲学とシェリングの自然哲学の相違を論じた報告（B, 211-228）において，ラウトは前者に合理性，後者に非合理性を見，後者を独断的存在論と批判している。

(23) Klaus Düsing, Spekulation und Reflexion. Zur Zusammenarbeit Schellings und Hegels in Jena, in: *Hegel-Studien*, Bd. 5, 1969, S. 95-128.

(24) Reinhard Lauth, Die Genese von Schellings Konzeption einer rein apriorischen spekulativen Physik und Metaphysik aus der Auseinandersetzung mit Le Sages spekulativer Mechanik ..., in: *Kant-Studien*, 75 Jhrg. Heft 1, 1984.

(25) マイヤーはこの点にライプニッツ『力学要綱』（*Specimen dynamicum*）

の影響を見ようとしている（B, 145）。なお，クリングスも同様の指摘を行っている（B, 185）。筆者自身もその後ルサージュについて評論している。「ニュートンとルサージュ」伊坂・長島・松山編『ドイツ観念論と自然哲学』（創風社，1994年）pp. 285-312。

(26) 触れる機会がなかったが，マイヤーの報告には，時代の自然科学の発展過程に対する科学史への概観が含まれている（B, 136-139）。それは実に簡にして要を得ており，全体を見通すのに格好のものである。

(27) クリングスの報告とタイトルも類似，その基本的意想をも同じくする議論がすでにわが国においてなされている。西川富雄「主体的自然について――近代的自然観の転換」（『立命館文学』第352-354号（1974年10-12月）山元一郎教授追悼論集）。この論稿は，近代の機械論的原理に基づく客体的自然に代わるべき主体的自然観への期待をシェリングの自然の主体化の発想に求めるだけでなく，ホワイトヘッド（A. N. Whitehead）における同様の発想を支える「現働的存在者」(actual entity）の概念にも求めている。

(28) Die Konstruktion in der Philosophie. Ein Beitrag zu Schellings Logik der Natur, in : J. Stagl (Hg.), *Aspekte der Kultursoziologie*, Berlin 1982, S. 341-351.

(29) Ebd., S. 348.

(30) Ebd., S. 350.

(31) Die Konstruktion in der Philosophie, in : a. a. O., S. 350.

(32) Natur und Freiheit. Zwei konkrierende Tradition, in : *Zeitschrift für philosophische Forschung*, Bd. 39, 1985, S. 3-20.

(33) Ebd., S. 16.

(34) Ebd.

(35) Kann man die Natur verstehen ?, in : W. Kuhlmann / D. Böhler (Hg.), *Kommunikation und Reflexion*, (stw 408), 1982, S. 375-385. その四種を順次掲げておくと，⑴自然が行動するものとして経験される神話と祭礼，⑵自然科学の説明・行動の理解を超えて自然が直接理解されたカントの自然の形而上学，⑶説明と理解，自然と行動の対立が高次の統一のうちに揚棄されているプラトン等の形而上学（著者クリングス自身直接私に語られたところによると，これは単に過去に属するだけでなく，現在もなお持続している一つの立場だ，とのことである），⑷自然を理解可能にさせるべき構想を発展させたシェリングの思弁的自然学。

(36) Natur und Freiheit, (wie Anm. 32) S. 18-20.

(37) 前掲論稿 Kann man die Natur verstehen ?, (wie Anm. 35) S. 396. では，

この言語は，たとえば，「自然について語る」のでなく「自然とともに語る」新しい詩的言語とされている。

(38) 西川富雄，前掲「主体的自然」pp. 770-771（注27参照）。西川の自然に対するこうした思いは後に次の啓蒙書に結実する。『環境哲学への招待』（こぶし書房，2002年）。

第三章

(1) Chr. Asmuth et al. (Hg.), *Schelling. Zwischen Fichte und Hegel*, Amsterdam / Philadelphia 2000.

(2) 本書 pp. 83-85 および拙論「ニュートンとルサージュ」伊坂・長島・松山編『ドイツ観念論と自然哲学』（創風社，1994年）pp. 285-312 参照。

(3) 熱力学の展開については拙著『科学・芸術・神話』（晃洋書房，増補改訂版2004年）pp. 25-27 参照。本書における本章第2節の議論はこれに関係している。

(4) 拙論「ニュートンとヘーゲル」（『現代思想――ヘーゲルの思想』青土社，1993年7月，ヘーゲル特集号）pp. 118-129 参照。

(5) 同上，pp. 125-126。

(6) 同上，p. 126 参照。

(7) 拙論「自然哲学のアクテュアリティ」日本哲学会編『哲学』第44号（1994年4月）p. 55。拙著『ドイツ自然哲学と近代科学』（北樹出版，増補改訂版1997年）p. 275。

(8) A. Koestler / J. R. Smythies (Ed.), *Beyond Reductionism*, New York 1970.

(9) 複雑性の科学について知るには井庭崇・福原義久『複雑系入門』（NTT出版，1998年）がきわめて便利である。またプリゴジンの次の単著や共著はこの領域および非平衡物理学における基本書である。『構造・安定性・ゆらぎ』（みすず書房，1977年），『存在から発展へ』（同，1984年），『混沌からの秩序』（同，1987年），『複雑性の探究』（同，1993年）。

(10) 「協同現象」と訳されることもある「シュナジェティクス」は複雑性科学の一種である。物理・化学・生物における自律形式を扱うのみならず情報理論としても注目されている。H. ハーケンの著書がいくつも翻訳されている。『協同現象の数理』（東海大学出版会，1980年），『自然の造形と社会の秩序』（同，1985年），『シナジェティクスの基礎』（同，1986年），『情報と自己組織化』（シュプリンガーフェアラーク東京，2002年）。

(11) H. ハーケンのシュナジェティクスの基本的発想を知るにはたとえば先に

ホイザー - ケスラーのキュパースへの反論が収められた複雑性に関する年報第5巻（Selbstorganisation, Jahrbuch für Komplexität [...], Bd, 5）所収のハーケン（Hermann Haken）自身の巻頭論文 Strukturensthehung und Gestalterkennung in den neueren Selbstorganisationstheorien が簡にして要を得た記述が好便である。

(12) E. Adickes, *Kant als Naturforscher*, Bd. 1, Berlin 1924.

(13) この点，拙著『若きカントの力学観』（北樹出版，2004年）p. 128 以下参照。

(14) K. J. Grün, *Das Erwachen der Materie. Studie über die spinozistischen Gehalte der Naturphilosophie Schellings*, Hildesheim., New York 1993. S. 20-24.

(15) 前掲拙著『ドイツ自然哲学と近代科学』pp. 181-184 参照。

(16) 1989年12月，日本医科大学で開催された（ヘーゲル研究会，自然哲学研究会共催）自然哲学シンポジウム，1990年3月の『自然哲学』第2号論文（前掲拙著『ドイツ自然哲学と近代科学』pp. 149-161），1990年11月『ドイツ観念論講座』論文（前掲拙著『科学・芸術・神話』p. 145 以下）。

(17) M. Fujita, *Philosophie und Religion beim jungen Hegel*, *Hegel-Studien*, Beiheft 26, Bonn 1985, S. 149ff.

(18) 藤田正勝『若きヘーゲル』（創文社，1986年）p. 125 以下。

(19) 前掲拙著『ドイツ自然哲学と近代科学』p. 161。

(20) K. Fischer, *Schellings Leben, Werke und Lehre*, 3. Aufl., Heidelberg 1902, S. 307f.

(21) Ebd.

(22) *Kant-Studien*, Bd. 83 (1992), S. 118-124; Bonsiepen, a. a O., S. 149-150.

(23) 後に次の編著に再録されている。M. Frank / G. Kurz (Hg.), *Materialein zu Schellings philosophischen Anfängen*, Frankfurt a. M. 1975 (stw 139), S. 237-279. 以下の引用はこの編著から。

(24) J. Matsuyama, Dynamische Atomistik und atomistische Dynamik, in: *Bremer philosophica*, (1998), S. 4; ders., Die Vereinigung des Entgegengesetzten, in: M. R. Rundolphi / J. Jantazen (Hg.), *Das antiken Denken in der Philosophie Schellings*, Schellingiana, Bd. 11, Abschnitt III; ders., Dynamisch versus mechanisch, in: *Natur, Kunst und Geschichte der Freiheit*, Frankfurt a. M. 2000, S. 58-59.

(25) E. Rudolph, Die Natur als Subjekt. Zur Leibniz-Rezeption des frühen Schellings, in: Gloy / Burger (Hg.), *Die Naturphilosophie im Deutschen*

Idealismus, Stuttgart 1993, S. 102.

(26) M. Durner, Editorischer Bericht zu AA I, 5, S. 16.

(27) ドゥルナーの編集，解説によって，以前のオルムス社刊の復刻に比し，この『思弁的自然学雑誌』がはるかに読みやすくなった。F. W. J. Schelling, *Zeitschrift für spekulative Physik*. Mit einer Einl. u. Anm. hrsg. von M. Durner, (PhB 524), Hamburg 2001.

(28) J. Matsuyama / J. Sandkühler, (Hg.), a. a. O., S. 63-64.

(29) W. Neuser, *Natur und Begriff. Zur Theoriekonstitution und Begriffsgeschichte von Newton bis Hegel*, Stuttgart / Weimar 1995, S. 165f.

(30) J. Matsuyama, Kraft und Äther. Schellings Annäherung an dem Äthergedanken Newtons, *Berliner Schelling Studien*, Heft V. これは2002年10月のフンボルト大学（ベルリン）での講演原稿である。